U0501216

问心

問心

问名利心　怀惭愧心

问孝悌心　怀精进心

问贪嗔心　怀慈悲心

问得失心　怀感恩心

问执着心　怀智慧心

问诸我心　找回自心

关照善心　烛照人心

問心

不为自己求安乐　　但愿众生得离苦

问心

苦乐都在人的内心。
感悟人生，认识人生，
觉悟人生。

学诚法师 答问录

乙未卷

问心

成蹊 编著

九州出版社 JIUZHOUPRESS | 全国百佳图书出版单位

图书在版编目（CIP）数据

　问心：学诚法师答问录．乙未卷 / 成蹊编著．--
北京：九州出版社，2015.9
　ISBN 978-7-5108-3982-5

　Ⅰ．①问… Ⅱ．①成… Ⅲ．①佛教－人生哲学－问题
解答 Ⅳ．① B948-44

　中国版本图书馆 CIP 数据核字（2015）第 241914 号

**问心：学诚法师答问录（乙未卷）**

作　　者　　成 蹊 编著
出版发行　　九州出版社
出 版 人　　黄宪华
地　　址　　北京市西城区阜外大街甲 35 号（100037）
发行电话　　（010）68992190/3/5/6
网　　址　　www.jiuzhoupress.com
电子信箱　　jiuzhou@jiuzhoupress.com
印　　刷　　三河市东方印刷有限公司
开　　本　　787 毫米 ×1092 毫米　　16 开
印　　张　　16
字　　数　　198 千字
版　　次　　2016 年 2 月第 1 版
印　　次　　2016 年 2 月第 1 次印刷
书　　号　　ISBN 978-7-5108-3982-5
定　　价　　58.00 元

★版权所有　　侵权必究★

◇法师，您常说要用心去感悟生活，体会生命。可是现在我很迷茫，什么才是心？又如何去用它来体悟？和平常有什么不同呢？

○学诚法师：心，就是当下这一念。面对身边的人，可以多去观察他的优点和对自己的付出，例如父母；对于身边的物，可以去思考它与自己的关系，例如看到一棵树，可以想到环境的重要性；对于身边的事，可以去观察方方面面的因缘……如此，便能在生命的一切时处培养自己的感恩心、慈悲心、智慧心。

# 問心

通过开放便捷的微博平台，借由一问一答的交流方式，我和广大众生有了真实的连接。

小微博，大缘起。

序

小微博，大缘起。

2006年，由于一位朋友的因缘，我开通了个人博客，开始利用网络与大众交流。2009年4月，我到台湾参加第二届世界佛教论坛，法鼓山的惠敏法师向我推荐了"微博"，他说微博比博客更简便。由此因缘，我开通了中英文微博，2011年又陆续开通了法、德、俄、日、韩、西、泰、藏等多语种微博。

在微博上，我向大众介绍中国现代寺院的日常学修生活，分享传统文化名言警句以及佛法修行体悟。与此同时，来自世界各地、数以万计的网友、"粉丝"，也开始通过微博留言，向我寻求种种问题的答案。

除了佛法修行的疑问外，他们问的多是与个人切身相关的难题：工作上如何抉择，家庭矛盾如何解决，如何消除内心的孤独、焦虑，人生应该何去何从……在世间遍寻答案不得其解之后，他们希望从一位出家人那里获得指导，从流传两千多年的古老佛教中汲取灵感。

这几年来，一有闲暇时间，我就会亲自回答"粉丝"的提问，微博上的问答到现在已经累积有两万多条。众生并不是虚无缥缈的概念，而是一个一个真实的人，只要有提问，我都会作答。向我提问的，既有佛教徒，也有其他宗教的，还有不少并没有宗教信仰。虽然绝大多数人与我未曾谋面，却因小小的微博而结下善缘。通过开放便捷的微博平台，借由一问一答的交流方式，我和广大众生有了真实的连接。

回答大家的问题，对我来说也是一种很好的学习，帮助我这样的出家人了解所处的这个时代。在答疑解惑的过程中，我也在努力探寻在当下时空因缘中利益众生的方法。

从林林总总的微博留言中，我看到现代人挥之不去、层出不穷的迷惑、烦恼和痛苦，就连十几岁的高中生也满心忧愁，这些又大多是精神层面的。精神信仰的日益淡化，经济生活的快速发展，功利主义、个人主义的不断冲击，构成了信息化时代的群体性孤独。物质生活越来越丰富，信息技术越来越发达，人们心中的阴霾却是与日俱增，社会价值观的多元化让人们无所适从，找不到解决内心问题的方法。

佛法的理念，旨在于引导众生究竟离苦得乐，八万四千法门，无不是消除烦恼、净化心灵的良方。以慈悲和智慧为本怀的佛教，从印度传来后，与中国本土社会不断融合，已成为中国传统文化三大主干之一，千百年来安顿着无数炎黄子孙的身心，起着传递正能量、精神化导的重要作用。但是，现在不少人对佛教却存在不少误解，认为佛法是落后的、是迷信、是消极避世的。佛法真实的内涵如果不能广为人所知、广为人所明，也就无法产生真实的利益。

在总结、提炼后，我把微博中具有共性的问题列出来，将佛法的道理，用简明易懂的现代语言与大众分享，通过新媒体的渠道给予提问者关注、安慰和鼓励。在我这样去尝试后，越来越多的人又把觉得受益的内容转发到自己的微博、微信上，帮助更多的人。而这次将微博上的问答编辑成书，也是期待把这种安慰和鼓励的作用辐射到更多的人群。

在与网友的互动过程中，我也深刻地体会到：我们要弘扬佛法，需要利用现代传媒的方法、利用现代化的手段。我们不是生活在古代的人，在现代的情景下，佛法的传播，不能照搬过去的办法。这也是我从 2006 年开通博客后，2008 年又建立龙泉之声传统文化网，后来再开微博的原因所在。

《杂阿含经》说，"此有故彼有，此生故彼生；此无故彼无，此灭故彼灭"。这个时代是网络时代，孤立肯定没有力量。在万马奔腾的信息洪流中，不利用现代信息技术的优势，正法之音就传播不出去；不采用大众喜闻乐见的方式，佛法就不能为民所用。我想，如果在现代，玄奘大师也好，鸠摩罗什大师也好，鉴真大师也好，他们也会开博客、微博。

在此，我也祝福每一位读者都能从这本书中得到饶益，通过佛法的智慧解决人生的种种困惑，进而启发自身灵性的感悟，寻找到生命的圆满答案！

学诚

2015 年 8 月

問心

心向外追逐，就容易随外境转；
心向内缘，则自轻安。

# 目录

职场　身心　学子

第一章

梦想与现实

# 1. 职场境界多

◇法师！弟子得到了很想要的工作，在个人发展上迈了一大步。可是对方以我资历浅为由，给我的薪水远低于我的预期和行业平均水平。弟子知道不该贪心，可是又觉得这样的待遇不公平，心里不舒服。祈请法师点醒弟子！叩谢法师。

○学诚法师：有舍才有得，眼光放长远。

◇顶礼法师！尽心尽力工作，业绩也比其他人好，上司却任人唯亲，虽然劝自己好好工作就好，但是心里还是很难受，该怎么办？

○学诚法师：我们的作为需要得到别人的肯定，还是以自我为中心，一切痛苦都来源于此。如果我们不去比较、分别，一切都简单了。

◇法师您好！有一个迷惑想请您开示。本人的工作资质也不比别人差，只不过无背景，不愿去花钱跑关系，还在原位，看到别人升迁，心里总会有失落感。有时安慰自己一切随缘，塞翁失马，焉知祸福。可是身在世俗中，说着容易做到难。我要怎么做才能真正放下？

○学诚法师：想清楚自己所求为何。人往往在与别人的比较中，走上了并非自己想走的路，过上了别人的生活。

◇请问法师，在工作中遇到一个不负责，且没有正直感、公平意识的领导，他会尽力去满足那些嚣张的员工，而憨厚员工所享受的待遇就完全不同。在这种情况下该怎么去面对呢？

○学诚法师：自己做到尽心尽责，不随外在境界而转。严于律己，宽以待人。

◇法师，我近日心浮气躁，因上级总是拿很紧很急的个人私活给我做，我不好拒绝只能熬夜加班。虽一直劝慰自己：1.干什么活都能从中受益；2.有此经历日后就可承受更难的事；3.就算他苛刻待我，我还是相信赤诚总有善果。但怨念时时浮现，心中懊恼。我该如何更好应对？

○学诚法师：遇到不如意的事，是第一重伤害；内心怨恨，是第二重伤害，而后者的危害远远大于前者。如果不能避免第一重伤害，就要避免第二重伤害，因为这是自己苦自己。

◇顶礼法师，工作中公司的一些章程很没有人情味，如果完全按照章程做，好像变成了地主家的"打手"，欺负别人觉得很不忍心，但是不按照规定做肯定被领导批评，甚至影响自己的工作，真是左右为难，盼回复，谢谢。

○学诚法师：若能改换工作是最好，若不能，则首先要生惭愧心、忏悔心，其次要以符合佛法的发心和行为去对待工作。

◇法师，最近被很多事烦恼着，家里的事让我很敏感。同时工作也不顺心，因为这份工作很累心又得不到领导的理解，这让我很烦躁，脾气也越来越大了，想请法师开示我是继续工作，还是辞职在家休息一段时间呢？有没有哪个经文对我有帮助呢？谢谢！

○学诚法师：真正的快乐要向内心深处寻找，每天留一点时间给自己静思。

◇法师，想请教，如维持原样，现工作环境已变，身体原因也很难维持；但若选择离开，什么后路也没有，风险很大，一片迷茫未可知，进退两难，该怎么办是好？

○学诚法师：无论如何，都要尽自己最大努力。路是人走出来的。

◇法师您好，为什么我想做的事情总是有个卡过不去、做不成？好几次了都是这样的。

○学诚法师：多欲多苦，知足常乐。凡事不可能一帆风顺，关键是遇到了困难，怎么转换为逆增上缘。

◇法师，同事中有人能力有限，不能达到工作要求，影响了其他人，该咋帮他呢？

○学诚法师：如果你是他，你会需要什么帮助呢？换位思考，你就知道如何帮助他了。

◇法师！弟子刚得到一个工作，即将面对更广阔的空间和舞台，也要第一次真正地成为领导带领一个团队。一切都是新的，未曾经历的，弟子有些担心自己做不来，也担心自己迷失在权力和物质中。还请法师指点弟子，如何面对自己的心虚、担心？如何做一个领导？弟子叩首。

○学诚法师：把对自己的担心，变为对团队的关心。做领众者，要能够善用众人之力，发挥每一个人的积极性，这就要求在考虑问题时，不仅要考虑自己和团体的利益，还要考虑每一个人的利益和成长。用什么样的心对待别人，别人就以什么样的心对待你。

◇法师，有个问题请您回答：您觉得善良的人不适合做领导吗？员工都不听我的，我的能力、情商和智商都比他们高。以前的店长性格比较强势，可他们都听话，这是威信还是性格的问题？哪点需要改变？

○学诚法师：尊重、信任、真诚地关心与赞美，才能获得他人真心的支持。如果自己内心是轻视、排斥、埋怨，换来的必然也是冷漠与轻视。

◇法师您好，皈依三宝的弟子，没有受五戒的，因为工作原因总是得和领导吃饭、喝酒，不这样就搞不好工作关系，也很有可能会失业，请问这样做对吗？谢谢。

○学诚法师：依业果抉择。

## 2. 身忙心更累

◇法师，睡不着咋办？白天还很多事。

○学诚法师：睡觉时不要过多思虑白天要做的事，做事时也不用总惦记昨晚睡眠不足。

◇法师，我现在满脑子就是怎么样使自己平静。以前自己不爱说话的弱点暴露得很厉害，遭到同事的鄙夷和攻击，一直没还口。结果无法忍受，换了很多单位，始终是一种心病。越来越深，别人通过我的言行就能感觉我很"惨"，无人再与我正常交流，一直无法翻身。痛苦中。法师能明示吗？不胜感激。

○学诚法师：不爱说话能少造很多口业，多为他人付出就好。

◇请教法师，为什么我总是特别容易被打岔？特别是在进行"重要的、不得不完成、自己又不看好"的事的时候。是因为太想获得别人的肯定吗？

○学诚法师：内心深处缺乏完成这件事的信心和动力，总想逃避。

◇法师，我想了好久却找不到原因。为什么我和别人说话总是没有底气？即使我的语言再有力量，但是被我说出来就软了一截，这使我在工作和生活中有了很大的困惑。能帮帮我吗？

○学诚法师：这是因为过去语业不够清净，无法产生令人信服的威德力。要努力远离绮语、妄语、两舌、恶口等语不善业，多说善语、实语、柔软语，慢慢改善。

◇顶礼法师！我不会妥善安排自己的时间。明明有大把大把的时间，却不会细细合理归置。如果自己列一个时间表，又会因完不成时间表上的任务而生苦恼。莫名其妙特别焦虑，脾气暴躁。自己的执行力不够，自己的自我认识也不够。如何才能改正自己的这些习气呢？

○学诚法师：制订规划，刚开始可以比较简单，定好要做的几件事即可，不必详细到具体的时间，做不到反增压力；在事项的安排上，要分清总别、本末、急缓、先后，计划要完成的事项不要超过自己的能力范围。

◇法师你好！我做事总是得不到大家认可，到底要怎么样我才可以有能力去做好每一件事又不怕别人的评论？

○学诚法师：并不需要活在别人的认可中，做好自己，踏实工作，勤奋努力，尽心尽责，活在当下。

◇顶礼法师，工作上我总想完美一些，更完美一些，可是有求皆苦，自己干得很累，我是不是该放下我的追求，随缘一些？

○学诚法师：内心若宗旨目标明确，再苦也有意义。随缘也不是消极地放下，而是善观缘起的圆融。

◇法师，焦虑是人工作和学习中常有的情绪，如何对治？

○学诚法师：关键是不要盲目攀比。"因上努力，果上随缘"，积极而不着急。

◇阿弥陀佛，感恩法师，我想请教法师，在学习、工作、生活中总想与人攀比，见别人更加努力便不舒服，产生烦恼心，这要如何转过来呢？顶礼法师。

○学诚法师：春兰和秋菊如何比呢？每个人都有不同的缘起，好好走自己的路，要对自己有自信。

◇法师，遇到在众人面前发言、重大活动，或者进入面试就非常紧张，睡不好觉，是不是因为我见太重，自我的意识太重？应该如何减缓这种情绪？顶礼合十。

○学诚法师：紧张来源于希望得到肯定、害怕做得不好而破坏形象。把这种心态收敛一下，将注意力放在所说的内容上，因上努力，果上随缘。

◇请问法师，如何做到身忙心不忙？顶礼感谢。

○学诚法师：做好规划，落实规划；事去不留，始终把注意力放在当下的一件事上。

◇法师，我22岁了，感情不顺，事业也不顺，特别是工作，我老是摆不正自己的心态，怎么办？

○学诚法师：平常心才是正常心。

◇法师，如何才能让自己做事情更加专注呢？是否应该在做事情的时候让自己紧张一些呢？这样是否和"平常心"相违背呢？

○学诚法师：紧张和专注没有关系，专注力要从点滴开始，慢慢训练、培养。我们要得到什么结果，很多时候不在于有没有方法，而在于有没有实践。

◇顶礼法师，如何区分工作中需要的"发散性思维"和我们日常的妄念？有时候想工作的事太多，心就跟着跑远了；如果不想吧，又会变得愚痴，没办法工作了。

○学诚法师："思维"和"妄念"都是心理活动，区别在于：一个是需要的，一个是不需要的；一个是依照规则、有序的，一个是野马脱缰、散漫的。我们要努力训练自己，抓紧心马的缰绳。

◇法师您好。我想请问：是不是在做每件事的时候，都要抱着如何去做使其更美好，而不是想着努力做好后，能给自己创造和带来什么的心态来对待生活和工作？

○学诚法师：做事之前要有目标，并要去思维它的价值，以策发做事的动力；但开始做之后，就要把注意力放在过程上，不要执着于果相。

◇顶礼法师。每念前途不能如愿时，便无法心安。不觉得自己欲求过高，而是觉得付出与回报不得正比，机遇不如别人。如何破除嗔怨？恳请法师开示。阿弥陀佛。

○学诚法师："境遇休怨我不如人，不如我者尚众。"五欲追求往下比，精神境界向上比，是快乐的秘方。

◇顶礼法师，我是一名上班族，三班倒，最近夜里醒得很早。怎样处理好学佛和工作的关系？

○学诚法师：上班族虽然忙碌，也应该抽出时间来完成定课（功课多少可根据自己的情况而定），并定期去三宝地学习。要把学习到的佛法运用在生活和工作的方方面面，这样，一切时处都是在修行。

◇请教法师，为什么我总是在人多时或者正式场合讲话会非常紧张？是不自信还是少见识？怎么样才能平其心论当下之事？

○学诚法师：是因为太爱护自己，怕破坏自己的形象。我爱执，放下一分，便能自在一分。

◇谢谢法师百忙中的答疑解惑，还是这个问题，竞争也有规则，鲲鹏飞万里，面对的规则很透明。就算心存善念，但也难免会做有心伤害。人有理、欲。我想，对自己内心和外在都需要一视同仁。要遵守竞争的游戏规则，就无法面面俱到，追求深度和广度也要从零做起，追求高远的过程是不是就难于遵循佛教思想？

○学诚法师：任何世间的规则，都比不上佛教指出的业果法则。

## 3. 学子志踌躇

◇法师，您好，我是一名高中生，每天三点一线的生活让我很烦躁，进入不到学习状态，怎么办呢？恳请法师开导。

○学诚法师：生命要有宗旨，生活要有目标，学习要有热情。

◇法师，我是一名高中学生，为什么我的生活每天都过得不如意啊？

○学诚法师：一切唯心造。让自己的内心充满阳光、积极向上进取，周围的一切也会随之改善。多一点包容，多一点理解，多一点感恩，多一点付出，可以让生活很精彩。

◇法师，学习压力很大，总有烦心事浮在心头，失眠偶有出现，请法师开解。

○学诚法师：对于压力，要多去想"如何才能把事情做好"，少想"做不到会怎么样"。

◇法师您好，我是一名高三学生，面对此刻的压力我该如何做才能静下心来，全身心地投入到学习当中去？

○学诚法师：可以多念佛，诵《心经》，并敬待父母、老师、同学，随缘行善培福。

◇顶礼法师，我是高三的学生，没多久就要高考了。有时难免想很多事，免不了迷茫与惆怅，压力下有时甚至缺乏努力的动力与勇气。您能给些建议么？谢谢！

○学诚法师：想得再多，徒增烦恼，不如踏实安住当下，因上努力。面对外境，我们的心可以选择不同的关注和感受的对象，学会感恩和关心他人，心境会平缓、光明。

◇法师，我是一名高中生，学佛两年了。可是我一直喜欢昆曲，但毕竟不小了，专业很麻烦。有想考上戏，我应该怎么办啊？您一定要解答啊。

○学诚法师：建立人生目标，做好人生规划，一旦确定了，就要坚持不懈地为之努力奋斗。未来的道路都掌握在自己手中。

◇法师你好，我是一名22岁的大学生，心里很信佛，也很想正式皈依，想学习佛法，但是我却很懵懂，不知道从哪里学起。自己也看过很多书籍，但是我好像还是没有开悟，没有修的智慧，希望法师帮我指引一下，告诉我怎么走这条路，可以让我明明白白地去学习，让自己开悟。

○学诚法师：佛教是一种系统完整的生命教育。真正修学佛法，是需要跟着有经验的老师、一群同行善友一起共学。有时间可以来寺院体验生活。

◇法师，有个不情之请，你能不能给我加个油？我还有二十八天高考了，如果你愿意的话，我想我会很高兴的。

○学诚法师：🙂

◇弟子合十顶礼法师！请问法师：大学生对未来的规划有实质性意义吗？如果有，如何规划？感觉计划真的不如变化快，助缘到了，之前种种看似详细的规划一下子就瓦解了。

○学诚法师：规划内心的成长而非事项，即自己要成为一个什么样的人？人生要实现何等价值？

◇法师，我考差了，但我并不生气，因为我本来就不值得第一，但我不好意思面对。这是何道理呢？

○学诚法师：有"我"皆苦。

◇法师，我以前是个喜欢争的女孩，学习也因此很优秀，现在发现其实名次都无所谓，也不必执着，可是看见别的同学还是每天那么用功，我心里又很嫉妒，我该怎么做呢？

○学诚法师：嫉妒心生起时，想想自己真正的目标。

◇怎样竞且静？身处校园，但却感到内心浮躁啊！

○学诚法师：《大学》中说："知止而后有定。"明确自己生命的追求，才不易被外在种种纷扰所动。

◇法师，我有一位同学，他的专业是财经，而他喜欢诸子方面。他因为自己的专业和实际的爱好矛盾，所以很苦恼，不知是应努力学习，以获得财务自由而能更好地专注于自己的爱好，还是应该现在分出来一部分精力给自己所喜欢的事情，请问他应该怎么办呢？谢谢法师，阿弥陀佛！

○学诚法师：内心不要对立看待。学习是学生的本分，也是未来个人安身立命及济世利他的必要途径；精神的充实与提升则是生命成长的内在动力，二者都是自利利他的方法。

◇法师，身边的同学及我自己都一直在想：我能做什么？我要做什么？而这个想法很难定下来，但是却花了好几个学期的时间在寻找，觉得有些浪费。想请教师父，我们应该如何做？

○学诚法师：榜样的力量是无穷的。

◇法师您好，今年在准备往上考学，复习的强度比较大，我已经吃素很长时间了，不过好像用脑过度，身体消瘦得很快，脑袋总是昏昏的，身体很差，而且火比较旺盛，学习根本学不进去，去检查身体又没有什么问题，搞得我很苦恼，我老觉得身体和我作对，难道是我心思太大了吗？请法师开示！

○学诚法师：吃素能令心智聪利，但要注意均衡搭配，不能偏食，平常可以多吃一些坚果类的食物。很多问题不是身体的原因，是心的原因。每天不妨静坐几分钟，想清楚学习的目的是什么。

◇法师，我是高中生，又不能直接去寺庙。这样该怎么修自己？

○学诚法师：修行即是修心，恭敬师长，孝顺父母，与同学和睦相处，培养自己的善念、善心、善行，佛法不离世间法，生活中处处是佛法。欢迎常来我的博客和微博。

◇顶礼法师！我是一名高三的学生，压力大烦恼也很多。学习之余，我用佛理来消除烦恼和激励自己。久而久之，佛理故事读多了，我觉得佛学博大精深，就生了以后学佛的念头。但是我身边的同学、亲人没有一点信仰，我要是表明我要学佛的想法，会变得很特殊。在这样的一个环境里，我不知该怎么办了……

○学诚法师：不必刻意表明，也不必在生活中强调佛教的仪轨，关键在如理如法照着佛法去做，令自己越来越善良、越来越豁达、越来越快乐。自己努力的同时，还要发愿值遇学佛的善友，如此，身边的环境一定会越来越好。

问情　行孝　家事　教子

第二章

经营家庭

## 1. 问情为何物

◇法师，我最近心总是静不下来，因为得不到的复杂的感情而纠结，我该怎么办？

○学诚法师：手上拿着火烫的烙铁，若不想放下，就继续痛吧。

◇法师你好，我有一个心结想请法师开示。我恋爱中总尽力为我的男友着想，但是我总觉得男友经常冷落我，不为我着想，尽管他说很爱我，已经很尽力，但是我看不到他的行动，也感受不到他的爱。请问我应该怎么做？

○学诚法师：烦恼的原因是心里预设了种种标准答案。

◇法师，最近我总是爱胡思乱想，特别敏感，总是感觉男朋友对我若即若离的，怎么办？

○学诚法师：把心放大。如果我们只是忙着一个小我，生命就会变得非常狭小，烦恼丛生。

◇法师，我现在很痛苦，我发现我男朋友和他的前女友又联系上了，并且短信内容很暧昧，他说他是一时糊涂，说的不是真心话，请我原谅他、相信他，再给他一次机会，可是我很纠结，怕他骗我，背着我还和她联系，我该相信他吗？我不知道以后怎么和他相处，我该怎么办？请您指点。感恩法师。

〇学诚法师：不要去担心没发生的事情，烦恼来源于自己的妄想。

◇请问法师，有什么方法能让我控制自身的嫉妒之心，尤其是情感方面？感谢大师。

〇学诚法师：幸福在哪里？幸福不在于得到什么，而在于能放下内心的烦恼分别。

◇法师，希望得到您的回复，我刚失恋，醒了感觉很慌，甚至不知道该去做些什么，也怕之后再也找不到这么喜欢的人了，随即想到以后的一切都有可能变，心里特别难过，我该如何过去这个阶段，并且忍着不去关注他的消息，请法师赐教，谢谢了，现在很痛苦。

〇学诚法师：生命中有很多美好的事物，还有很多需要去做的事情。心，不要被一个执念遮蔽。

◇法师，我失恋了，很难受很难过，我知道都是幻，爱就像迎着风拿着火，可是还是拿了，被烧到了。现在很心痛！我怎样能够快点出离？如何能彻底看破？如何修行？

○学诚法师：我们的痛苦，是因为生命只局限于一个小我；当你心里装着更多的人时，痛苦就会不知不觉远离。

◇法师，现在心乱至入病，心疼至纷乱，泪成了每日的好友，我知道为个不懂我的人不值得，心寒不已，但自己真的控制不好，求教。谢谢。

○学诚法师：一切痛苦都会过去，多想未来，少想过去。

◇法师，一份应该割舍的感情在心上，应该怎么去割舍？阿弥陀佛。

○学诚法师：快刀斩乱麻。

◇法师，心中有一人难以割舍，可是却应该忘记。我该如何去做？

○学诚法师：回忆的同时体会无常，慢慢看清事物虚幻的本质，放下贪恋之心。

◇请教法师，我爱的人欺骗我、利用我、对我不公，我如何说服自己放下对他的贪嗔痴？

○学诚法师：爱恨转念间，人心本无常，贪嗔唯自扰！随缘消旧业，莫再造新殃。


◇法师，您好！被深爱的人彻彻底底地欺骗了，现在特别痛苦，也特别恨，我没有办法原谅他，也没有办法平复自己，我不甘心，我该怎么办？

○学诚法师：你可以尽情报复，然后令自己永远痛苦。也可以选择放下仇恨，了结恶缘，开启充满无数希望的未来。


◇法师您好，我老公要跟我离婚，我该怎么办？谢谢！

○学诚法师：以业果来检视外境，豁达心态。有时候，放下一条路，是为了换一条更好的路。


◇请问法师，如何看待情感的分合？又该如何把握呢？

○学诚法师：人心无常，有何可贪恋？

◇法师你好，请问一下爱一个人真的那么难吗？

○学诚法师：舍小爱，成就大爱；爱众生，才是难能可贵。

## 2. 行孝之道

◇法师，我今年 27 虚岁。刚才我妈说，幸亏她性格开朗一点，不然我 27 岁还嫁不出去，换作别人早死了，说她的白头发都是为我愁白的。我听了觉得很委屈，姻缘不是命定的吗？难道嫁不出去就是罪该万死吗？

〇学诚法师：去体会母亲这句话背后的心情，而不要总是想着自己的苦乐、委屈。

◇法师，弟子正有关于孝的问题要请教。我的姥姥、姥爷已年近九旬，可依然争吵甚至动手，前日姥姥因争吵赌气服药自杀获救后昏迷，姥爷见状很是后悔，现在也是在求死。这对老人真是怨亲，如此折腾，来世还是无法解脱，请教师父我能为他们做些什么，能让两位老人放下心中怨恨，即使过世也能走得自在些？感恩您。

〇学诚法师：一方面可为他们诵经回向，另一方面尽心侍奉，以孝敬温暖老人的心。当心中拥有美善的念头时，恶念就不容易生起。

◇法师，我最近心中总会有所不安，自己努力了近两年时间，终于拿到了去国外名校攻读博士学位的奖学金，当结果出来那刻，激动得已经流下了眼泪；但是，作为家中唯一的孩子，未来4年的异乡生活，让我非常舍不得家中不再年轻的父母，觉得自己没有尽孝道，很内疚。请问法师，我该如何处理，阿弥陀佛！

○学诚法师：做一个令父母骄傲的人，也是一种孝。

◇请问法师，自己的理想和家人对自己的期望相差很大，该怎么办？

○学诚法师：相差的并不是理想，而是对理想的解读和实现方式而已，看到相同的用心，而不仅仅是矛盾与对立之处，才容易相互理解、有效沟通。

◇法师您好，我看《佛说五无反复经》中农夫对儿子死亡的冷漠实在不解。我不怕自己的生死，可是如果放下一切，也包括放下亲情么？生为子女是几世因缘。我们承载父母梦想而逐名利，承载这些又如何能放下？实在苦恼！

○学诚法师：放下了烦恼，才有力量承载一切。父母的真正梦想是你能够幸福，而大部分人错在把名利当作通往幸福的唯一途径。

◇法师，孝顺父母这个孝是完全言听计从，还是按科学让父母生活有规律？

○学诚法师：《论语》云："子游问孝。子曰：'今之孝者，是谓能养。至于犬马，皆能有养；不敬，何以别乎？'"

◇法师您好，我爸爸正在戒烟中，我们应该怎么帮助他呢？感恩法师。

○学诚法师：多鼓励，多赞叹，时常提策吸烟的过患、戒烟的好处。勉励他能坚持到底。

◇法师，最近我爸妈在闹离婚，我帮他们和解，可每次帮完他们后我都觉得身心俱疲，请问大师我该怎么办？

○学诚法师：从小父母养育我们长大，也常常身心俱疲。作为子女，当念恩报恩，不在事情的结果，而在自己的这份心。

◇法师您好！我婆婆经常说她的两个儿子和另一个儿媳不好，我经常劝她嘴是最快的造业器官，但是遇事她还是那样，我怎么诵经能让她好些，别总恨他们？

○学诚法师：恭敬虔诚就好。

◇法师您好！因一时把持不住自己，将内心尘封了 17 年的委屈和痛苦一下子爆发在父亲面前，让年迈的父亲知道一直爱着他的女儿居然也怨着他、恨着他，因为女儿早已知道父亲当年都干了些什么勾当。所以父亲含泪离开了我。为此，我很闹心，请问法师我该怎么办？活着真累！

○学诚法师：《弟子规》："亲有过，谏使更，怡吾色，柔吾声；谏不入，悦复谏，号泣随，挞无怨。"《礼记·内则》："父母有过，下气怡色，柔声以谏。谏若不入，起敬起孝。说则复谏；不说，与其得罪于乡党州闾，宁孰谏。父母怒，不说，而挞之流血，不敢疾怨，起敬起孝。"《礼记·坊记》："君子弛其亲之过而敬其美。"

◇顶礼法师！回家看望父母，看到母亲那么年老衰弱，好想让她信佛念佛，却无能为力，只能想办法筹些钱为她做功德。不知道要怎么使用能最大限度地利益她，印经？印什么经呢？还是做吉祥普佛？想到父母，想到也许无法令他们信佛，心中难免愁苦，又该怎样不扰欢喜心呢？

○学诚法师：把对父母的担忧化作精进修行的动力，努力修行，回向给父母。

◇法师，我很爱我的母亲，所以我好希望她长生不老，每想到她总有离开我的时候，我就难过得很，我怕她会害怕、恐惧，或者舍不得我，怎么办？我宁愿把我的寿命分给我的妈妈。

○学诚法师：很好，善心无价，把做善事的功德用心回向给妈妈。

◇顶礼法师！刚看到您对别人说可以把功德用心回向给妈妈。请问是怎么个回向法呢？是"我愿此功德"那段吗？诚心叩谢。

○学诚法师：可以。心之所向，即是回向。

◇法师，家母80高龄，今日不慎摔倒，现在重症监护室，家人不能近身探访，我该如何安住这心？

○学诚法师：孝心可贵，但仅仅担忧无济于事。可读诵《地藏菩萨本愿经》，为母亲回向，并学习地藏菩萨爱母孝亲的行为。

◇法师，对于亡父，心常想之，自觉常在身边，如何抚平心中的念想？

○学诚法师：常念佛号回向。

◇请问法师，今天接到噩耗，远在老家的亲戚交通事故去世，我在外地工作不能赶回，请法师指点我要如何做呢？拜谢法师。

○学诚法师：可恳切至诚为家人念诵《地藏菩萨本愿经》。

◇法师，我奶奶过世两年了，可我心里还是放不下，想寻些佛经来为她诵读。还请法师指点一二。

○学诚法师：用爱亲人之心去爱更多的人，那人人都是我们的亲人。

## 3. 家有千千结

◇法师，弟子正在办离婚，希望能够在尽量避免伤害对方和彼此家人的情况下平和处理完事情。但是对方提出无理要求，超出了我的能力范围，我又不愿激化矛盾。请教师父，弟子该如何处理此事？

○学诚法师：以还债心对待，事情上可善巧处理，急事缓办。

◇法师，我父亲性格执着，不听别人建议，我怎么跟他沟通呢？

○学诚法师：水流遇到石头时会绕着走，石头遇到石头会碰撞。其实我们想改变他人的时候，自己也很固执。无伤大雅的事，不妨多随顺、包容，先让自己柔软下来。

◇法师，我真心讨厌我妈怎么办？她就知道虚荣、知道钱，小时候叫我交很多男朋友，害我做了很多错事。现在单位晚上十点要我去陪客户，我不想去，她却说好好表现当经理！每当跟她说话就有怒火升起控制不了，我努力想缓和可是没有办法。

○学诚法师：不要只想她不对的地方，多想想她对自己好的时候。

◇法师您好，在微博上关注您以来收获了很多，深信佛的智慧。最近家里出了很多事，让父母感到很苦恼！请问法师，我应该怎样对待一个自私自利、损人利己的人？

○学诚法师：严于律己，宽以待人。

◇法师，打扰了。我多年来都于家于国尽孝行善，为何尽结恶果？现在家庭一团糟。

○学诚法师：眼光放长远一点。

◇法师，家弟病入晚期，被病痛折磨，家人除为其求医照顾生活，都不了他脱离病痛。恳请法师指点，如何减轻我们心理上的痛？

○学诚法师：在病痛中，想到天下还有许多同样痛苦的人，生起同情之心；在病痛中，感受家人的爱与付出，生起感恩之心；在病痛中，体会生命的无常与苦，生起珍惜之心。所有善的心念，都是病痛最好的安慰剂，也要多引导病者生起善念，令内心平静、温暖，不仅可减轻痛苦，更能利益来世。

◇阿弥陀佛！法师好！我弟弟得了股骨头坏死已一年多了，多方求医没见好转，不知该如何是好，求法师开示！

○学诚法师：求医看病是需要的，同时也可以为他做善行积功累德，虔诚祈求诵经回向。

◇法师，如果遇到亲人亡故或病重，心情极度灰暗焦虑，甚至没有活下去的勇气，应如何调节呢？请指点。

○学诚法师：对亲人的爱，能让我们脆弱，也能让我们坚强。仅仅痛苦无益于自他，要发愿去承担亲人的苦乐，乃至承担一切众生的苦乐，如此才能真正帮助到亲人。

◇法师早！我夫妻皆已皈依。日常生活中，妻子总是居高临下，不断指摘我和儿子相处的种种不是，从而引发吵架，弄得家庭很是紧张，请问法师我该怎么办？顶礼法师！

○学诚法师：学佛是为了修正自己，而不是修正他人。她固然做得不对，但若以同样的态度对待她，则自己也错了，定会激化矛盾、伤害彼此，不妨借此境培养自己忍耐之心，改正自己的错误，以"身教"引导她。

◇法师，弟子最近起了大烦恼，因怀孕生子，家人集体逼吃肉，闹得家里对我有些意见，现在我已经吃肉了，但内心时常不愿。从小体质差，最近吃素一年多，他们说我身体差是吃素造成的，我吃素后身体确实变弱了些，难道是我没有吃素的福报？我是不是太执着吃素这个问题了？

○学诚法师：吃素对身体一定有好处，但可能有一个适应过程，而且也要注意各种素食的均衡搭配。吃素本是为了培养慈悲心，若因此产生烦恼，就是执着了。在条件不允许的情况下，可吃三净肉，心怀惭愧、祈求发愿。要感恩家人的用心，而不是对立嗔恼。

◇法师，我一直知道环境对人心的影响很重要。我在香港生活，每次回香港，内心的平静总会被打破，周围家人对于我的信仰都不是很理解。面对外界的颠倒迷惑，我又该如何去保持内心的那份宁静和坚持？感恩合十。

○学诚法师："上求佛道，下化众生"，一方面要多亲近善师善友，不断为自己的心灵"充电"，另一方面在生活中也要对家人包容、付出，实践佛法。信仰与生活不应是割裂和对立的，其中的关键就是我们的用心。

◇爱人一点不信佛怎么办？

○学诚法师：不信，因为不了解。从不了解，到了解、理解、接纳等，都是需要一段历程。在这个过程中，关键在于需要用自己的行动来感化、影响他们。

◇请教法师，内人是无神论者，却常受无明烦恼，健忘而犯嗔（不过事后总会悔），小孩子偶尔犯浑，不专心。弟子智慧不够，现虽已能对类似情境不轻易起嗔，但却没有办法帮助她们。故向法师请教，望法师慈悲教诲。

○学诚法师：先自己做好，让家人感受到学佛能令人更智慧、更平和、更快乐，再慢慢随缘带领家人亲近佛法、培福开慧。

## 4. 教子有方

◇请问法师，孕妇做些什么对胎儿好？

○学诚法师：孕妇起心动念、举止言行当善良、平和，并可多念诵观世音菩萨圣号。

◇顶礼法师，请问给刚出生宝宝买的长命锁，可以到您寺院寻得加持吗？是不是就是开光？谢过法师，请您百忙中注意身体！

○学诚法师：龙泉寺没有"开光"业务。从小教导孩子深信因果、断恶修善，便是最好的祈福开光。

◇法师您好！有幸听到一位前辈分享她去龙泉寺之后的感悟，让我深受感动。现在准备一起学习您写的书《感悟人生》。但总觉得问题在自己身上会反反复复。特别是在教育孩子上面，孩子在学习上总是很浮躁，让我非常着急。请问我有什么更好的方法可以让孩子静心？我也希望能与孩子一起改变。感恩！

○学诚法师：从自己的经验也能体会到，要成长并非易事，所以对孩子也不要着急，你自己能够静心了，才谈得上帮助孩子。有机会可以带孩子一起来龙泉寺参加法会。

◇请教法师，孩子才三岁，四个大人围绕她一个，我执较重，脾气大、胆子小，不愿意见生人，见到熟人也不愿意喊人，打招呼。我现在每天争取带她和邻居们围坐一起聊聊天，营造一个好环境，希望能有改进。我们还应该在哪些方面改进？望法师开示。

○学诚法师：童蒙养正，把握教育的根本，在生活中以身作则，多启发孩子的善心、知恩报恩心，不仅仅是在枝末上改善。

◇孩子内向，不愿多说。法师，我能做些什么？或者我能帮她做些什么？祈请法师开示！

○学诚法师：用鼓励和信任给她打造一个自己成长的空间。

◇法师你好！请问高考学生的家长需要念什么能帮助到他？

○学诚法师：平常心。

◇请问法师，孩子生性胆小，总是受伤害，于是越发胆小，该怎么帮助孩子？又心疼又无奈。

○学诚法师：胆小胆大是枝节，关键在于德行的长养。可以带孩子参加一些慈善公益活动，培养开阔的心胸和善良的品性，积累福慧。

◇感恩法师！请教法师，弟子的孩子有时会玩战争游戏，是不是要少跟孩子玩、不要助长他这方面的兴趣比较好？弟子告诉孩子人类由于贪欲才有了战争，战争会给人们带来很多痛苦，所以我们不希望有战争。但他还小，还不太懂。

○学诚法师：孩子应少玩游戏多做事。

◇法师你好。孩子现在很猖狂，学校和老师拿他无能为力，不能打不能骂，批评教育对他来说毫无作用。家长不管，放任他在学校，学校对他无能为力，甚至他敢挑衅学校和老师。怎样才能感化他呢？请法师赐教！

○学诚法师：其实他这样做，内心也会感到痛苦。最重要的是内心的接纳，其次不要着急。不要总想着怎样改造他，先反省家长自己做错了什么。

◇法师，作为父母该如何为年幼的孩子选择教育模式？是快乐教育还是应试教育？您曾说人总有要吃苦的时候，或年长或年幼，或今生或来世，所以我选择后者；我们又常说活在当下，题海中的孩子不得不放弃业余爱好，他少了快乐，过高的期望是向外攀缘，因此又不能选择后者。请赐教，顶礼法师！

○学诚法师：福报是由善业因缘而来，不是分数；快乐是由内心的悲智而来，不是爱好。把握好人生的宗旨和价值观，就知道在哪些地方着力。

◇法师您好！最近孩子在学习上总是很不主动，感觉很浮躁，一生气就控制不住打他，打过之后，又很后悔。我知道这种教育方法不对。我很困惑，我该如何去做？

○学诚法师：我想他也不希望自己这样，但是控制不了自己的心，就犹如您也控制不住自己的情绪一样。家长不要做一个要求者，更应该做一个陪伴者、支持者，多关心、多倾听，陪他度过生命成长的过程。暑假可以带他到北京凤凰岭龙泉寺来体验佛法，结交善友。

◇感恩法师。我听经闻法知道传统文化在培养孩子品德方面的重要性，自己努力做一个幸福生活的榜样。但家人习气太重，特别是老人，溺爱孩子，不好的思维、听闻和杂乱的生活习惯在熏染孩子，自己却不觉得。我诚恳地引导他们学佛修善，他们虽知道自己的不好，但改不了；或知道好，就是做不到，我该怎么办？

○学诚法师：那更要加倍努力，用自己的一份业力去净化、扭转家庭的共业。修行从自己开始，而不是要求别人。

◇又向法师请教：女儿上大学后向我提出一个请求，希望我为她的将来努力提升点个人"知名度"，想了想，这些年享受着自己的淡泊生活，惬意、自在，却没想过为女儿的前途好好奋斗，心里很愧疚，自己是淡泊名利了，女儿的需求呢？这又是一种我执？

○学诚法师：什么是真正的美好前途？每个人都追求幸福快乐，但不等于追求名利地位。

◇我吃素，念佛，好多事情看得很淡，而最最放不下的就是孩子，付出很多却没有收获，很苦恼。我也知儿孙自有儿孙福，有时想不管，可能真正放下吗？好苦恼！是不是前世的业障果报呢？

○学诚法师：教导孩子以培养福慧为本，不要在果相上着力，一味要求外在的成绩，忽视了孩子内心的教育。此外还要包容、耐心，多看到孩子的优点，不总是执着在不足之处。

◇法师，近期带着孩子出游一圈，听得最多的是"现在的社会没有道德底线了"。我感觉很彷徨，该怎么做呢？能做些什么呢？

○学诚法师：从我做起，从心做起。

伤害　劳怨　善良　相处　观过

第三章

善于处世

# 1. 笑对伤害

◇阿弥陀佛，弟子想请法师开示一下。弟子有一个朋友，她老是喜欢针对弟子，挑弟子刺，弟子一直都容忍着，尽量避免和她接触。可这几天她越发过分了，今天在人群中她又说一些中伤弟子的话，弟子没忍住说了一句，可能有些过分让她有点难堪，为此弟子很苦恼，因此弟子想请法师开示，对这样的朋友弟子该如何相处？

○学诚法师：一笑而过。

◇假如你碰到一个人以爱憎不平的心来对待你时，请问该如何面对？我很荣幸竟被我碰上！是要笑笑面对呢，还是要清算面对？唉，又要内心挣扎了……

○学诚法师：火遇到油会燃烧，遇到水会熄灭。对方以烦恼对我，但我若以平和的心态处之，则能削弱冲突，自己内心也会比较轻松。

◇法师，面对他人的恶意攻击，我们怎样才能让心情平静？作为佛陀的弟子，是不是凡事都要忍呢？

○学诚法师：如果他说的是事实，何怨之有？如果他说的非事实，何必应之？

◇法师，一次又一次地原谅别人的错误是不是对的？或者，我是不是又给了别人一次伤害我的机会？我好苦恼。

○学诚法师：这不是真的原谅，只是无奈、被动、心怀侥幸。痛苦是因为自己内心不够强大，所以他人才能够伤害到自己。

◇法师，我经常在心里也会劝自己凡事要有一颗感恩的心，或者想凡事皆有因果，但如遇到我认为不应该这样或是不公平的事，包括在家庭中，就很难平静下来，总是不愿咽下这口气，就想较这个劲。我该如何修炼自己的心能真的放下这些嗔恚呢？恳请法师指点。

○学诚法师：以嗔恨心对不平事，只是增加更多不平静的因素。人的业是互相影响、互相感召的，只有改变自己，才能改变外在。

◇第一重伤害来时，就因我想放下，回归宁静，重新生活，可对方不依不饶，一直想置我于死地，现在的我已无力反抗。如今面临家庭破裂，倾家荡产。对方过于强大，我不是对手。只能接受！可我是否承受得起？

○学诚法师：无债一身轻。了结恶缘、勤种善因，开始新的人生。

◇如果只是我一个人，可以这样。可现实如何继续，老人要赡养，孩子们要抚养。难！

○学诚法师：这一切都是自己应该担负的，尽力去做吧。天下没有绝路，只要心存善念，必定苦尽甘来。

◇如何原谅他人从而宽恕自己？

○学诚法师：想想自己面对境界时，要转心也是如此之难，以此也可以体会对方的处境。其实每个人都是"身不由己"，被烦恼、欲望、执着驱使，不得解脱。所以，真正不能原谅的，不是外在的敌人，而是内心的烦恼。

◇法师，如何不怨恨？我想做，做不到，还是更加痛苦，后来我只能采用报复的方式还击，我知道不对，但是在目前的情况下我只能做到如此。也许是我罪孽深重，我遭受的打击是无所不在的。我只能通过打击他们来累积我的自信心。望明示。

○学诚法师：天地间生机无数，可因为嗔恨，令自己的生命中只剩下了几个仇人，何苦！把心放大。

◇法师，如何才能淡忘仇恨呢？

○学诚法师：无论再恨还是再爱的人，都是会死的。

◇如何才能使自己的内心变得强大，使得他人在伤害自己的时候，自己不觉得痛苦呢？请法师指点。

○学诚法师：靠佛法的学习，增长内心善良与智慧的力量，不仅能够解决自己的痛苦，还能帮助许许多多人解决痛苦。

◇痛苦是不是心中有恶才是主因呢？他人伤害是否只是一个外缘？真正痛苦的原因是别人触犯了自己的贪嗔痴，导致产生了不同的见解和矛盾而痛苦吗？当产生痛苦时是否也是内省时，发现问题进步之时？恳请师父指点。

○学诚法师：苦，源于内心的烦恼；认识烦恼，就是修行的开始。

## 2. 任劳容易任怨难

◇法师，我的心好累，为什么人总是那么不平等？其实付出了真的不需要什么回报，我只想换点理解，为什么就是得不到呢？

○学诚法师：需要得到理解，也是在求回报。有求之心越甚，便会越苦，把心放大，不要死死执在某一点上，烦恼就会减轻。

◇虽然说全心全意为人民服务，但是每次宿舍垃圾满了就得我去扔，为什么啊？他们就没必要做吗？

○学诚法师：欢喜地去做，可以积很多福德！

◇法师，您好！我想请问，如何能从容潇洒地生活？忍让并一再地退步，真诚地对待和关心，但仍然得不到真诚的回报，是否是我的执念太深？我的心不够豁达？

○学诚法师：当你能不在意对方的回报时，就能真正从容潇洒。

◇法师，我自觉为朋友办事向来力求完美，尽全力而为之，事无巨细但求尽善尽美，绝少顾及个人得失，今天因为某些事情让我处境很尴尬，有点枪打出头鸟的感觉！所以我发火了，这得叫嗔心吧？并有一种费力不讨好加被出卖的感觉。始终难过这一心结，夜不成寐，望大师指点，合十！

○学诚法师：人都有保护自己的心，"任劳容易任怨难"，若能放下这一份心结，则能真正做到无私无畏、无我无忧，人生也就迈上一个新的境界。

◇任劳容易任怨难……任劳亦能任怨岂非圣人？既任劳还任怨，心情怎么能平静？

○学诚法师：事情已经发生，痛苦改变不了外境，那么调整我们的心态就至关重要。把这些经历当作人生的垫脚石，迈过去了，便能收获更加广阔的心胸；若当成绊脚石，止步于此，则除了后悔与痛苦，一无所得。

◇法师，被朋友看不起，我很难受，但我不想失去这个朋友，麻烦师父告诉我应该怎么办呢？我该以怎样的心态对待这件事？对于外物我不算吝啬，但我也做不到挥金如土。我也低不下头问他，不知道我哪里错了。还烦法师度度我！

○学诚法师：有求皆苦。心向内缘。

## 3. 人善天不欺

◇尊敬的学诚法师，您好！请教您一个问题，我这个人比较好说话，但是我发现我越好说话，越被大家欺负，我该怎么办？

○学诚法师：被人欺负，总比欺负别人好吧？少说话，多做事，就更好了。

◇阿弥陀佛！法师您好！有一个问题我一直都很纠结，就是我这个人心软，做什么事都是先想着让别人好，即便是别人伤害了我，都是我先原谅他们。反过来别人却是变本加厉地一次又一次地伤害我，就因为我心太软吗？

○学诚法师：坚持善良，种善因必得善果。

◇法师，我感觉我善良得有点柔弱！

○学诚法师：真正的善良是一种力量，而不是装出来的柔弱。

◇为什么人善被人欺？善良难道应该有底线么？为什么别人会一味地索取，就因为你善良？

○学诚法师："人善人欺天不欺"，善良不等于软弱，而是立足于长远的时空观做出的最智慧的选择。是非得失，绝不能只看眼前。

◇顶礼法师！有时候觉得自己对不起很多人，但又觉得自己的尊严被践踏，活着是不是该强势一点？为什么现在以诚待人，最后伤的却是自己？

○学诚法师：尊重别人，就是尊重自己。真诚待人，坚持善良。

◇恶人自有恶人磨。世人不是恶人，但世人常常去磨善人。故善人是最最苦命之人。

○学诚法师：钻石要经过打磨才能折射出耀眼光芒，善良亦复如是。外在的磨难不是痛苦，而是庄严生命的必经之路。

◇法师，我今天很困惑，想真心帮朋友，但朋友说我是高高在上把自己当作救世主。我自己内心里很难受，并且怀疑自己的交友观。请法师开示！

○学诚法师：坚持善良，凡事重在动机，但在为人处世中，也可以不断总结完善，让自己的慈悲和智慧，趋向圆融无碍。

◇法师您好，平时我为人老实，也很为他人着想，也能给人方便和快乐，但有时会生烦恼，做了这些却耽误到自己的目标和父母的期望，所以是不是先该放下许多，不要攀缘，先自觉再觉他，也就是先找到真我自我呢？望指点，谢谢！

○学诚法师：只要把握住善业，福报与快乐自然会跟着你。

◇请教法师，如何看待好心办坏事的情况？阿弥陀佛！

○学诚法师：生活没有十全十美的，首先出发心是好的，我们需要的是理解、体谅、关心别人。每一人都有出错的时候，换位思考，你需要别人怎么看待你，你就怎么去看待别人。而且，凡事都没有绝对的，或许你稍微动一下脑筋，把坏事变成好事，这也是有可能的。

## 4. 相处的智慧

◇在还没有对别人做出好与坏的态度之前，别人就先对自己态度不好了，这样自己的心就有抵触，因为对方在先，所以自己怎么也喜欢不起来别人了！

○学诚法师：不会心随境转，才是有智慧的人。

◇法师，我与室友闹矛盾了，她错在先，但是我说话确实有点过分了，跟她发短信有想和好的意思，但是她没有那个意思，现在在寝室互相不搭理，感觉很别扭，心里很难受，每天低头不见抬头见，我该怎么办？

○学诚法师：当自己肯认错时，当下就得解脱。

◇尊敬的法师，我在生活中遇到不好因缘的人，交往就会增添许多烦恼，然而在低头不见抬头见的集体里，断绝又会彼此尴尬，而且还经常被莫名欲望驱使往一堆跑。法师，请问如何才是一个最好的解决办法？谢谢法师！

○学诚法师：大家一起向善、提升，才能摆脱业力的束缚。

◇法师，各种烦恼，和解不了却越积越多，第一次一笑而过，两次、三次，便像个要爆炸的气球，我只有躲开人独处，心才会软化，有真诚的笑容；一旦到人群中，我就不自觉地照坏榜样看齐。

○学诚法师：过不在境，在于自己的心。慢慢训练自己观功念恩的思维习惯，才不会被观过的偏见蒙蔽心眼。

◇法师，您好！我在看书学知识，发现自己慢慢地与身边的人有兴趣和生活的差别，自己越来越有孤独感，我说的他们不感兴趣，他们说的，我也不感兴趣。于是，真的不懂怎么融入身边的群体中。法师请指点，怎么样在生活中学和用知识，才不会使得自己孤独，从而融入群体中呢？

○学诚法师：古人说："君子和而不同。"一个乐队里各种乐器都有，演奏出来的乐曲会更磅礴、优美。要理解、尊重、包容并欣赏彼此的不同之处，怀着一颗平等心与身边的人相处。重点在平等的心态上，而不一定非要在言行上打得火热。

◇法师您好，我们身边总有一些人在你失意时幸灾乐祸，看你出丑，请问我们应该怎样对待？

○学诚法师：严于律己，宽以待人。


◇当下认为自己是最正确的人太多了。请问法师，如何教诲这些人？如何与这些人相处？

○学诚法师：先教诲自己。


◇法师吉祥！请教一下：遇到我慢心重的人，如果不向他指出，而常表扬他言行中对的一面，是否助长他的我慢心？

○学诚法师：通过这个境，观照自己的内心，可以让自己有什么提升？

## 5. 不见他人过

◇有些人老是要求我做这做那的，我心里就是不爽。因为对方也有很多毛病啊，我也没有过多要求她们，而且还从自己做起，法师，您说这好气人啊！还有很多人自以为爱别人，却能力不够。

○学诚法师：心向外看，则会苦；心向内缘，心清凉。

◇没有学佛时，看不到自己的缺点，也看不到别人的缺点。学佛后，对自己要求严格了，同时看着别人的缺点也多了。有时候甚至有些嗔恨别人的想法。如果让自己包容别人的错误，很难做到。虽然明白道理，凡所有相皆是虚妄，但实际生活中，做到不动心，很难。请法师开示，应该从哪些方面下功夫。顶礼法师。

○学诚法师：常忆念：己过如山己不见。

◇法师，不观别人的过，是看见了装作没看见、独善自身吗？

○学诚法师：观过是烦恼，不仅烧自己，也烧别人。等到内心没有这把火了，就可以去帮助别人了。

◇顶礼法师！请百忙中回答一下我的问题："不见他人过，只找自己非"这个道理我知道，可是眼见一些同修可能犯下谤法罪业，忍不住好心提醒，而且言语也算柔和了。应不应该这样做呢？

○学诚法师：理应如此。不观过不是看不到过失，而是看到过失心中不起烦恼。

◇顶礼法师！能否开示一下"不见他人过"？其中是否包含不让他人的言行对自己造成影响的意思呢？

○学诚法师：见到他人的过失，内心产生的是自省与慈悲，而不是排斥与嗔恨。

◇法师好！因为纠结孰是孰非而生出很多烦恼，可是明辨是非难道不重要吗？看到错的事而不能纠正，甚至被说成是对的事，应当如何对待？如何修行？

○学诚法师：修行人在明辨是非的同时，也应洞悉内心的善恶。纠结在孰是孰非上，非要争一个对错，那就已经堕入烦恼之中了。若确实是他人做错了，应该出于慈悲心，想办法帮助他，而不是内心产生厌恶、排斥、轻视、愤怒的情绪。

◇法师微博传道，请教微博世界尘埃纷扰，如何让自己耳根清净，毕竟微博不是寺庙，现实的人间在此，法师看了微博种种可曾痛心？

○学诚法师：微博世界，只是人们内心世界的投射。世间从不缺少苦，但痛心并不是解决的方法，唯有去做。

◇请教法师，"若真修道人，不见世间过"，可是看到社会上的不公之事还是会很愤怒！怎么办？是逃避不看，还是看了要无动于衷？太矛盾了，不知怎么办！请法师指教！

○学诚法师：看到社会的苦难，心中应生起更强烈的责任感和慈悲心，更加精进地发愿、修行、承担、付出。

◇顶礼法师！忍不住提问，面对毒米、地沟油、假药，佛法是否有可以直面社会的解决方法，是该认此是众生共业？是该呼吁改革？或是视而不见只管念佛？似乎自己懂的道理和实用有点脱节？诚心请教，顶礼。

○学诚法师：外在的毒，源于内心的毒；改善人心，才能改变共业。佛法教导我们的不是从外境入手，更不是要求他人去做，而是从净化自己的内心开始，依靠团体的力量，共同以善心、善行、善业来为社会注入清流。

◇法师，有些人做人为何不管不顾，只为利益的驱使？

○学诚法师：一叶障目，不见泰山。被眼前的利益蒙蔽了心灵之眼，却忘记了更长远的利益。

如意　前路　价值　快乐

第四章

苦乐人生

## 1. 人生不如意十有八九

◇法师你好。我最近特别倒霉，你说是怎么回事呀？

○学诚法师：多思维业果。把握当下。

◇顶礼法师，近几个月来生活一直很不顺，几件人生大事接二连三地打击我，我现正处在人生的十字路口，在取与舍之间徘徊，因此情绪常无端地低落，我已竭力在调节自己的心境，尽量做到内心不受外界的影响，可还是没办法以自如的心态去接受那些事与物，我该怎么办才能做到如如不动？

○学诚法师：如果实在走不出来，不如找一些其他有意义的事情来做，转移注意力，或许未尝不是一种方法。

◇顶礼法师，很有缘在香港供奉佛顶骨舍利时有幸见到您，我之前也有向您请教过问题，现在生活中又发生了一些解决不了、令我生烦恼的事，明明知道是错的，却还是控制不住去犯，业力现前，该如何？

○学诚法师：当下自己的选择也是业，不要都推到宿世，那是为自己不努力找借口。

◇法师，你好，我最近工作、感情、生活等等各方面都感觉有压力，请问我如何减压啊？

○学诚法师：因上努力，果上随缘。心向内求，自得轻安。

◇法师，我多年来一直各种不顺，弹琴一直进步不了，也一直在坚持，笑对各种打击但实在太累了！也很难过，因个性单纯也经常被朋友利用，其实心里都清楚，只是不想和她们一样罢了。

○学诚法师：吃苦了苦。发起更高远的志向，便能够逐步超越当下的生命。

◇法师好。我的工作总是不顺利，生活上总有意外支出。望法师指点。

○学诚法师：生活不可能总是一帆风顺，在逆境中成长，才会变得更加坚强。让每一次的境界，都成为自己提升的助伴。

◇法师，我总是事事不如意。很无奈啊。我该怎样找出原因？

○学诚法师：多行善事积福报。

◇法师您好，请问我生活中为什么常常想得到的得不到，想逃避的偏偏来，这是一种考验么？

○学诚法师：不当作考验，就会满腹抱怨。不能改变外境时，我们可以选择改变心境。

◇为何命运如此坎坷？法师，我迷惘了，我不知道方向。

○学诚法师：每一个人的人生都有上坡、下坡，关键是自己的心态。若时刻做好面对困难的准备，当问题来时就不成为问题了。

◇法师您好！想祈请法师开示，我事事不顺，体弱多病，怎么排解啊？顶礼法师。

○学诚法师：锻炼身体，放生诵经，多缘光明面。

◇法师您好！我想问如果被人误解，并且不被亲朋好友欢迎，连父母也瞧不起我，说我没上进心，由此产生厌世的情绪，轻生、远离尘世是否是一种解脱？请法师开示。

○学诚法师：解脱，是烦恼已净化，而不是回避，面对烦恼正是修行的开始，种因快乐行。逃避远离，不是根本解决问题。

◇法师，人生可以有很多的不如意，可是为什么会有像我一样坎坷的呢？好累，从小就在单亲家庭长大，好不容易妈妈把我拉扯大，刚成家她就生病去世了，好难接受，可是却发现自己也嫁错了人，我的命怎么这么苦？我该怎么办？我好累，真的好累，过得每一天都好压抑。

○学诚法师：有句话说："生活就像一面镜子，你哭他就哭，你笑他便笑。"试着去做一些善行，心怀感恩，为他人付出，给人欢喜，给人力量。你会发现一定有收获的。

◇知恩者，应以当下为重，言善之言，行善之事，感恩父母，感恩亲友，感恩众生，平静息心，不求名利。但是，如果有天天折磨你的痛楚，该如何解脱呢？

○学诚法师：学会在不完美的生活中发现美丽。

◇法师，我活得真累，我突然有轻生的念头，怎么办？

○学诚法师：这不能解决问题，只能更痛苦。身体感到累，是因为心累了。有求之心越甚，便会越累，把心放大一点，就会多一份轻松。

◇法师您好，得了不可医治的病，难道就这样痛苦地生存？真不想活下去。怎样做才好？

○学诚法师：与其痛苦地生活，不如选择快乐地过好每一天。我们若无法改变外在，那就可以调整自己内心。把握当下，命自我立，可以读读《了凡四训》。做一些放生诵经等善事虔诚回向。

◇都说佛是普度众生的，为何常人感觉不到？有的时候一个本该结束的痛苦生命偏又被度活，是为增加其痛苦或是惩罚？人世间最能够化解仇恨的是什么呢？难道只是为毁我、度我、苦我、玩我、弃我、救我、折磨我？

○学诚法师：佛陀教我们远离痛苦的方法，只要依教奉行，便能得到救度。慈悲是一味化解仇恨的良药，不仅利益他人，也拯救自己。

## 2. 前路在何方

◇法师，我总是在选择，我很累，我活得不好。

○学诚法师：人生本就充满了无数的选择，比如微博好友，也要选择。智慧就是选择的能力，有了智慧就不会感到被动、犹豫、矛盾、痛苦，而智慧的特点之一是时空观的长远。

◇顶礼法师！请问生活和工作都没有了目标和方向，很迷茫，怎么办？

○学诚法师：活着就有希望。迷茫时，正是寻找方向的关键之际。

◇法师，现在面对未来没有方向了，很迷茫，很失落。觉得自己不够好，也觉得生存压力太大了，明明知道未来不可知，但是还是会焦虑，不开心啊。

○学诚法师：看不清未来时，就走好当下的每一步。

◇法师，我已经厌倦了这种尔虞我诈、竞争激烈的社会，我该怎么办？继续昏天熬日子吗？

○学诚法师：虚度光阴，也是一天；积极进取，也是一天。聪明的人当然知道如何过好每一天。

◇法师，我一直觉得"平平淡淡才是真"。现在回头看看身边的朋友，发现我错了，很迷茫，还请大师点化。

○学诚法师：平平淡淡是指放下不必要的执着，而非看淡一切事物。人生在世，有自己应该承担的责任和义务。平平淡淡中，更要活得有意义，有价值。

◇法师，我很忧虑目前的状态，为什么现在什么也不想干，不想看书，不想思考，不想写东西，不想会朋友。心中没有想做点什么的激情，像个空人。一天天这样下去，心里很慌，怎么办呢？

○学诚法师：多结交善友，不要封闭在自己的小环境里，才能启发出内心的愿力。有愿力，才有动力。

◇法师，你好，我现在特别迷茫，不知道该干什么，我想活得有价值些，可是没有方向，我该怎么办啊？

○学诚法师：利他才是生命的意义。

◇法师，我很迷茫，面对未来，我觉得做人太累了。

○学诚法师：人生若有高远的志向，有崇高的宗旨目标，再累也值得。

◇请问法师，为什么人总是觉得自己没有根？像是浮萍，因此忧伤。

○学诚法师：因为没有找到值得用生命去相信和追求的东西。

◇法师，吾辈甚年轻，居心多浮躁。亦欲仙风道骨不食人间烟火，奈何生活逼迫、存活且艰，何以修心？吾处人生蜕变之期，奈何心中无定位，脑中路不明，时不我待，忧心忡忡。需人指点一二。

○学诚法师：青年之时，贵在立志。发心有多大，成就就有多大，要站在更加高远的格局上来看待人生。

◇法师，我心里迷茫，不知道何处是路，该如何走？

○学诚法师：不知何处是路，只缘身在其中，站到高处，就能看清。

◇法师，我心浮气躁，大事不明，思维不清，遂感山路迷茫，将如何处之？

○学诚法师："置其身于是非之外，而后可以折是非之中。置其身于利害之外，而后可以观利害之变。"

◇法师，学佛法能解决内心的迷茫与痛苦吗？

○学诚法师：佛法僧三宝就是要为我们解决内心的问题、烦恼、迷茫、痛苦。

◇您好，法师。您每天都是起很早么？我的意思是，是一种多年生活的习惯，还是因为要早起修行呢？我经常去寺庙拜佛，还是没有开始学佛，有词不达意的地方请您谅解。另外，如果此时对于感情和事业都很迷茫，学佛是否可以更加开阔心胸呢？

○学诚法师：学佛学得好，可以解决一切烦恼。

## 3. 寻找生命意义

◇人活一世，是该为自己而活还是为父母而活？

○学诚法师：人生的价值，是通过努力为自己、为他人，乃至为世界带来更好、更快乐的生活，若只想着自己，是不会有真正的幸福的。

◇请问法师，怎样才是有尊严地活？弟子很是想不通。

○学诚法师：首先要尊重自己，即要对自己有高的期许，要做一个顶天立地的人；其次要尊重他人，常怀谦卑的心态，才有高贵的人格。

◇请问法师，如果一个人知道自己的生命快要结束了，是该选择享受生命最后的时光呢，还是选择去力挽即将陷入危机的事业？要怎么做才好呢？

○学诚法师：生老病死，人人都会遇到。应该思考：什么样的生活才是有意义的？究竟能留下来的是什么？

◇请问法师，假如我的生命只剩最后几个月，当如何度过？

○学诚法师：把握当下，从过好每一天开始。让每一天的生命都有价值。

◇请问法师，人活着是为了什么？如果是健康、开心，那么千百万个在奋斗路上的人是不是该放弃呢？再请问，父母与子女的关系是因果决定的吗？

○学诚法师：1.人活着，是为了令自己和身边的人，乃至更多人生活得更幸福，这"幸福"不仅仅是眼前短暂的"开心"；2.一切都是因果决定的。父母与子女的关系大略有四种：报恩、报怨、讨债、还债。

◇提升自己为了什么？何苦烦恼地去想着提升呢？顺其自然不好吗？无为不好吗？

○学诚法师：答案在自己心里。你想要离苦得乐吗？

◇很想看透红尘，可是无论怎么做也逃脱不掉，法师可指教？

○学诚法师：世间的一切，无非是一个"私"字而已。

◇我看到这个败落的社会和贪婪自私扭曲的人心，无法欢喜，怎么办？

○学诚法师：这个世界有许许多多的人在努力追求幸福，为自己，也为他人。把自己的力量投入造福大众的事业中去，就会明白什么是幸福。

◇法师，怎么才能找到值得用生命去相信和追求的东西呢？

○学诚法师：首先要深刻地反思生命，其次要寻找已经在这条路上获得答案的榜样。

## 4. 真正的快乐

◇法师，为什么人人都想快乐，却往往自寻烦恼？

○学诚法师：因为没有认识到真正的快乐是什么，也错解了得到快乐的方法。

◇学诚法师好！感觉生活好累，现在不是为了自己而活，想让自己过得开心点，但是却很难，该怎么办呢？纠结。

○学诚法师：累、不开心，是因为都在向外寻求，真正的喜悦来自内心深处。每天留一点静思的时间给自己！

◇如果一个人的精神财富在不断增长，但物质财富却一直缺失，有幸福可言吗？现如今，很多高学历的人，奋斗半辈子都无法改变自身的经济状况……

○学诚法师：高学历不等于精神财富。

◇法师，我现在的命运不是那么好，是不是我太贪心了呢？怎么样能改变我现在的想法，让自己变得平静呢？

○学诚法师：外境不可能是完美的。学会珍惜当下，才能得到快乐。

◇法师，快乐和幸福是存在于内心的吗？它与物质有关吗？

○学诚法师：物质可以带来一些快乐的感觉，但这种感觉无法长久。一切依赖于外在（无论是物还是人）的快乐都是不可靠的，因为外在本身是无常的，只有向内心深处寻求快乐的源泉，这样的快乐才是无害的、永恒的。

◇贪图未来的大乐，算不算执迷？在我看来人生的最高境界，就是无所谓苦也无所谓乐，身心自在随遇而安。

○学诚法师：身心自在、生死自在，是真正的"大乐"。

◇法师，对于不同的有情，是否苦的层次及相是不同的？所以，人只有不断努力与奋斗才有机会将更高一个层次的苦破除？顶礼合十。

○学诚法师：苦有总有别，分类的方法和角度也有所不同。众苦的根源是烦恼。

◇法师你好，人生是苦，不苦是人生吗？

○学诚法师：苦乐都在人的内心。感悟人生，认识人生，觉悟人生。

◇法师，什么是苦？什么是乐？

○学诚法师：内心起伏就是苦，内心宁静就是乐。

◇阿弥陀佛！顶礼法师。我总觉得自己业障太重，烦恼心重，想生起欢喜心却不知如何去调整，恳请法师开示！

○学诚法师：烦恼的根源是我爱执，"总觉得自己业障重"，还是在强烈地关注自己。慢慢学着把心打开，把注意力放在他人的苦乐上，少想自己，欢喜心就会在不期然间来到。

◇法师，请问要怎么样才能做一个快乐的我？我始终找不到答案，而身边的很多人也同样有这样的烦恼。

○学诚法师：不要念念想着"自己怎么能快乐"，而是用心在"是否有人因我而快乐"，此时才是最快乐的。快乐不是一个外在的东西，你越是去追寻，它离得越远；快乐来自于内心深处，你越是付出，它离得越近。

◇请问法师，你认为真正的快乐是什么？

○学诚法师：真正的快乐，不依赖于任何条件，而是从自心自然涌现。快乐有许多种，许多层次，逐渐减少对物欲的贪着、开发心灵，才能获得更高层次的快乐。

◇贪图未来的大乐，算不算执迷？在我看来人生的最高境界，就是无所谓苦也无所谓乐，身心自在随遇而安。

○学诚法师：身心自在、生死自在，是真正的"大乐"。

命运　善恶　改过　迷惘

第五章

命自我立

## 1. 心好命就能好

◇法师，请问佛教如何看待占星、占卜等活动？

○学诚法师：占卜并没有实质意义。佛教认为，命运靠业力决定，业力靠自己决定。

◇法师，我让人看了一下生辰八字，说以后身体有不好，很严重，所以，心理上有了压力，特意来问法师该如何面对。

○学诚法师：算命，不可以改变命运。修学佛法，可以改变命运。命自我立，可以参阅《了凡四训》。

◇法师，我意志很薄弱，自制力好差！做什么都不能坚持到底。我该怎样改变自己的命运？以前有个先生算我命不过 22 岁，我能改变这一切吗？

○学诚法师：坚韧的习惯也是需要一点点培养训练的。把握当下，命自我立。可以参阅《了凡四训》。

◇法师好！我有一熟人得肝癌到北京住院治疗，按道理我应该去看望她，但是，算命的说我今年不宜去医院等阴气重的地方，现在我很纠结，不知该去还是不去。如果要去，如何避灾？请法师给指点指点，谢谢！

○学诚法师：心好命就好。

◇您好！听一个人说我阴气重，您说我该注意些什么呢？

○学诚法师：不必在意这种说法。心存仁厚，善待他人，以一颗感恩、欢喜的心去面对生活，便"正气存内，邪不可干"。

◇法师，因缘在天，如何种因结缘？

○学诚法师：人生的因缘，在己不在天。可读一读《了凡四训》。

◇如果我犹豫不决，做不了定论，总是两个方向徘徊往复该怎么办？我总想得到一个确切的答案，并且找到自己最终要做的事情，有时候我们是不是不应该太过相信所谓的命运？法师。

○学诚法师：人生没有答案，只有态度。改变外境不如改变心境。

◇法师，因为刺激和忧虑、恐惧，看了心理学的书，差点神经错乱，给自己贴了很多标签。老父说我怨天尤人。我曾不听人说，在外三年打拼，结果不顺遂。回到家乡遇到考试，觉得自己考不上。我总是习惯先否定自己。法师，我知道自己要改变了，也要去行动。请您给我一份信念，在我坚持不住时，可以定心。

○学诚法师：业果会忠实地回报一切努力。

◇阿弥陀佛！顶礼法师，如何能改变自己，让自己勤奋学习，克制浮躁？比如他很想学习，但是每次看书都能看睡着，甚至头痛身体发虚，三年过后就连楞严咒都没背会，是不是这个人很笨很愚啊？他很自责。请法师开示。

○学诚法师：除了自己，没有任何人能放弃我们。可以参考学习佛陀时代的周利盘陀伽的故事。

◇求问法师，我也许是一个懦弱胆小、犹豫不决、敏感多疑的糊涂虫。我想变得强大点，应该怎么办？从什么事做起呢？我觉得我很失败！

○学诚法师：通过历事练心，不断地在历练中成长。海纳百川，有容乃大；壁立千仞，无欲则刚。

◇请教法师，我总是会怀疑朝着未来努力有没有意义。做出努力，就觉得一切都会被时间带走，不过浮生一梦而已；不努力我又觉得让流年虚度似乎太浪费生命了。很纠结！我觉得这样想是不对的，但是又不知道应该怎样改正。请教法师，我应该怎样调整我的思想和行为呢？

○学诚法师：外在的一切都会被时间带走，但是人内心的成长可以永远伴随着我们。

◇请问法师，是否真的事事都有定数？我执着目标却没有如我所愿，真的感觉十分失落。努力了真的会有回报吗？请大师明示。

○学诚法师：一切事情都由因缘和合而成，有因、有缘，果相就会呈现；缺少因或缺少缘，都无法得果。过去的已经过去，努力为未来种因、结缘吧。

◇谢谢法师赐教。我会在享福的同时不断造福的。法师，我给自己规定每月做够多少件好事，只有做好事是造福吗？我想请问法师，还有什么也可以造福呢？

○学诚法师：孝敬父母、供养三宝，都是很好的积福方法。最终极的积福方式是扩大自己的心量，心量越大，福报越大，如果只为了自己而积福，那么再怎么积累，也是小福。

◇法师您好，我想请问您物质一切都是有定数的吗？寿命会因为过量享受而缩减吗？有没有什么办法弥补呢？

○学诚法师：命运有定数，但懂得修行，就能改变。不仅要享福，更要造福。

## 2. 善恶自在人心

◇世间真的有善恶之分吗？

○学诚法师：世上的事情没有绝对，只有相对。善与恶是相对的概念，俗话说善恶自在人心，任何事都有两面性。

◇法师，什么是善与恶？它们是不是总是并存于天地间？

○学诚法师：善与恶是人的价值观、判断标准，故是相对的、有范畴的。

◇请问法师，如何分辨世间真伪？

○学诚法师：重点不在世间真伪，而在内心善恶。

◇法师，当内心的善与现实有点儿冲突，好难抉择，怎么办？

○学诚法师：只看眼前，则会处处纠结；目光长远，自然一马平川。

◇法师，人们说：放下屠刀，立地成佛。这是为什么呢？

○学诚法师：天堂与地狱，在一念之间。当人处在善的行为和念头中时，他那一刻已经处在天堂的境界了。

◇法师，在街上看到有人好像需要帮助的时候，想伸手助人，有时会去帮忙，可有时却又有所顾虑，怕被人说，或被人误解。请法师开示。

○学诚法师：真正该担心的是：有人需要帮忙，而我们没有去帮助他。

◇法师，如何在现在这个社会做到以诚相待？

○学诚法师：深信因果，不怕吃亏。

◇自己的艰苦努力，被别人利用来赚取利益，该怎么办？

○学诚法师：这并不重要，重要的是：自己是否走在坚定志向、实现理想的道路上。

◇把所有执着都摔碎了之后，我是该过好当下，并等着看命运将我带向何方吗？

○学诚法师：摔碎烦恼的执着，坚持善法的追求。

◇很认可法师的"认识烦恼是修行的开始"，现正在修行的路上，自己的内心告诉自己要"兼收并蓄"，而不要偏信一家之言，这是科学还是自大？但自始至终向善之心从未更改。时光荏苒，容不得浪费，修行的同时，很冒昧将自己的烦恼分享给法师，法师如有闲暇，还请开示，感恩。

○学诚法师：此向善求真之心，很值得赞赏！要有兼收并蓄之包容，更要有立定脚跟之坚韧，否则容易迷失方向。可以多方学习、比较、思考，佛法博大精深，经得起任何怀疑和推敲。

◇法师，我妹妹心地很善良，但内心很脆弱，处事也笨拙，如果她到寺里听法、做义工，可以改善这些缺点么？

○学诚法师：承事三宝，听经闻法，智慧会慢慢增长。

## 3. 知过能改　善莫大焉

◇法师，如果做错事了，怎么办？

○学诚法师：人非圣贤，岂能无过？过而能改，善莫大焉！以此激励自己朝着真善美的方向更加努力。

◇法师，我总是放不下以前的错，总徘徊在以前的错误里，怎么才能走出来呢？

○学诚法师：仅仅停留在害怕、自责、懊恼之中，并不能改变什么，不如充实正面的力量，深信三宝，积极行善。

◇弟子认识到过错，亦用时间和行为去纠正和弥补它，只是内心的愧疚一直盘旋不去，时时想起，时时伤痛。

○学诚法师：把愧疚当作前进的动力，而不是当作伤害自己的第二支乃至 N 支箭。

◇法师，我三日一省必自悔，或因待人不周，或因行为不检，或因学业倦怠，或因工作散漫，凡此琐事种种，内心常不快乐，何解？

○学诚法师：反省的目的是为了提升自己，而不是一味否定自己。先要建设积极向上的心理状态，在此前提下反省，才不会堕入消极懊悔的负面情绪中。

◇法师，我每天都在提醒自己念咒、看书，可是一坐下满脑子全是自己以前做的错事，慢慢地就坐不住了，也就没心思看书念咒了。法师，我可怎么办呢？

○学诚法师：担惊受怕没用，真正有意义的是思考如何去弥补，然后朝好的方向去做，多去想正面的东西。

◇法师，弟子求教如何面对、接受进而改善自己的过错、愧疚和不安。顶礼法师！

○学诚法师：既要清醒地认识到过错，也要给自己改错的时间和空间。

◇顶礼法师！弟子愚痴，在逆境里习惯反省自己的不足，却常常没有力量去补足缺陷，因此而沮丧、自卑。不知如何才能脱离这种困境。

○学诚法师：在任何境界中，本着一种学习的心态去面对。

◇法师，弟子好多不好的习气缠身，影响了工作学习。试着去改变了，但反反复复，看不见变化。怎么找到修正自己的入手处呢？

○学诚法师：弘一大师《改过实验谈》："一、学。须先多读佛书、儒书，详知善恶之区别及改过迁善之法。二、省。既已学矣，即须常常自己省察，所有一言一动，为善欤？为恶欤？若为恶者，即当痛改……三、改。省察以后，若知是过，即力改之。"

◇法师，请问如何消除赌博所产生的快感与痛苦？

○学诚法师：找到更有意义的事情去做。

◇法师好！我吸烟，总想戒烟，可越戒反而抽得越多。以前还曾请法师施法帮助戒烟，也没成功。有位同修就此对我提出了一个问题：为什么理上认为该戒，而行为上却做不到呢？还是没有真想戒，见行不一。今日忽想出一个法子您给看看行不行？烟还照抽，以念念不忘抽烟的烟瘾来观照抽烟的是谁？可行吗？

○学诚法师：心智力量还不够强大时，先从行为开始断除。不必总想着戒烟之事，把注意力放在其他的事情上，最好能随众修善。个人独处时常常思维吸烟的危害。

◇请问法师，认识自己容易，改造自己难。如何改造？觉得自己一无是处。

○学诚法师：木头要雕成佛像，需要经过千凿万斫；我们要改造自己，也得在境界中不断去磨炼。

◇法师好，我的问题很多怎么办？

○学诚法师：有佛法就有办法！

◇心中常生起傲慢心理。总认为自己了不起。轻贱他人。亦常故意哗众取宠，引起他人注意，从而炫耀自己，满足自己的虚荣心，甚至还觉得自己比佛菩萨都更伟大了。如此心理实在可怕。近来为此恶习以及自己的恶行而烦恼。请法师慈悲开示，如何对治此恶性习气？感恩法师！

○学诚法师：现在傲慢，就是将来卑贱的因。争强好胜，就要做到一生比一生好。

◇法师，如何消除自己的傲慢心？

○学诚法师：傲慢心是内心的一种偏见，只看到自己的优点，并不断强化这种认识，进而在一切事情中认为成绩都归功于自己，问题都是别人造成的，实际上并非如此。我们即使取得了很多成绩，也是许许多多因缘组合而成的，自己只是其中一个缘而已，要去看到他人的付出和功劳。

## 4. 我该怎么办

◇法师，事与愿违，做还是不做？

○学诚法师：看该不该做，而不是愿不愿做。

◇法师，我没有信心，我都知道但什么都做不了。如何找回自信呢？请法师明示。

○学诚法师：和别人比较而失去的信心，不是自信，而是"信他"。自信，是相信自己有成长的潜力。

◇顶礼法师！怎么才会使内心强大？

○学诚法师：要使身体强健，需要补充营养、加强锻炼；要使内心强大，亦复如是。善法就是内心的营养，听闻道理只是把食物"吃进去"，还需要不断思维，才能"消化"，成为真正能滋养内心的养分，消化后还要进一步在境界中去使用——历事练心就是内心的锻炼。而这一切都需要长期实践才会有效果。

◇法师您好，我一直想让自己成功，总想把自己好的一面表现出来，可是总是不如所愿。我觉得自己很贪婪，总是控制不了自己，真的很无奈，我该咋办？

○学诚法师：有求皆苦。

◇顶礼学诚法师，想请问太在意别人的眼光，得怎样才能渐渐做回自己？特别是多人的情况下，根本就不敢表达自己。得怎样才能克服这种情况，才能有所进步？什么因，什么果呢？

○学诚法师：这恰恰是因为太在意自己，想保护自己的形象。放下我执，才能坦然面对自己，面对别人。

◇法师，那如何才能让自己内心强大起来？

○学诚法师：海纳百川，有容乃大；壁立千仞，无欲则刚。

◇法师，今天我聊天对一个不相识的人许下了个承诺，我会努力去实现，但也不是朝夕可以完成的，也许是几年。但如果不能兑现，我是否有罪？是不是年少轻狂了？

○学诚法师：言行举止谨慎，也是应该的。能认识到问题，即是进步。

◇请问法师，怎么才能做到"不失人"与"不失言"？

○学诚法师：净心、慎口。

◇法师，我最近总是幻想特别不好的事情发生在我身上，控制不了像真的一样，我怀疑自己得焦虑症了，看《金刚经》静不下心来，天天想，崩溃了。

○学诚法师：关心一下周围的人吧。你知道父母最近心里在想什么吗？

◇法师您好，我每天早起很困难，我也想早起，可是早上总觉疲倦想继续入睡，有什么好的办法吗？

○学诚法师：早起晚起都是一种习惯，习惯是可以培养的。关键是你是否真的想要改变。

◇法师，我为了一些事情，感觉到很烦恼，过不了自己那关，我都不知道应该怎么办。

○学诚法师：我们之所以被情绪左右，是因为忘记了真正的目的。

◇法师，在世俗中我经常恐前怕后，妄想多，心时常不安，如何做到积极乐观向上，保持一颗上进心呢？

○学诚法师：明确人生宗旨目标。

◇顶礼法师！和同修交流发现，共修独处时，信愿坚固，比较好控制境界，工作现实中就容易攀缘外求，不攀就难办成事，如何能圆融而非对立地处理？顶礼。

○学诚法师：随缘不攀缘，关键是内心能否如理思维。

欲望　止怒　放下　知止　自心

第六章

修身养性

## 1. 做欲望的主人

◇法师，生在物欲横流的世界，有没有什么具体的行动可以克服贪财好色的欲望？

○学诚法师：在这物欲横流的世界，还是有很多人不以财色为目标，而致力于生命更深层次的追求。有机会的话，找到这样的人，去聆听和体味他们的心路历程。

◇法师，现在外界物质诱惑这么多，如何把握自己的正见？求法师开示。

○学诚法师：物质能够带来短暂的快乐，对于佛法的希求和实践，能够得到永久的究竟的快乐。

◇请问法师，心里的欲望每个人都会有，为什么有人因为欲望失去自我，但是有的人却把握自如？

○学诚法师：成为欲望的主人还是奴隶，在于自己生命的方向是否坚定。

◇法师，早上好。我一直有个困惑，无法控制物欲。请指教！

○学诚法师：颜回一箪食，一瓢饮，为何能做到无忧？

◇法师，我怎样才可控制自己的欲望，做到身心健康？

○学诚法师：培养好的善法欲，多缘光明面，心胸开阔，身心安稳。

◇请问法师，如何控制自己内心对某件事物或者某种事情的贪欲呢？有时候就是"身后有余忘缩手，眼前无路想回头"。

○学诚法师：多思维无常。

◇求教法师，人要怎样做到无欲无求呢？

○学诚法师：人生在世，不是要灭除一切欲求。如果连向往美好的心都没有了，人生也就没有动力了。佛法不是讲灭除欲望，而是讲净化欲望。

◇顶礼感恩法师！弟子最近心中执着与贪念每日在增！一天过后心里总忏悔，然第二天又复起。弟子该如何断除而不复发？请法师慈悲开示！

○学诚法师：能认识到烦恼就是第一步。常常亲近善友，有助于心灵的成长。

◇请问法师，经典上说"知欲由相生，相由心生，控欲需控心"。如何能静心灭欲呢？

○学诚法师：欲是一种心态，策动我们追求所希望的事物，它本身没有善恶，关键看"所欲"为何。与其灭欲，不如善用"欲"的力量，把心放在对善法的追求上，令自己充满向上的动力，感受到清凉之乐。

## 2. 如何止怒

◇法师，我内心焦躁得很，而且欲念很重，怎样都不被满足。面对生起烦恼心的人事物，我要远离还是要正面面对？

○学诚法师：以目前的状况，远离为上。多亲近善友，逐步改善内心。

◇法师！弟子发现自己有时候表面是平静的，好像不计较了，但会因一个欲念没有得到满足的契机而发作出来，怎么样可以不发作出来伤人伤己呢？

○学诚法师：慢慢来，培养佛法的心智模式和思维习惯，才能真正消解烦恼。

◇顶礼法师！不知道为什么，这几天老爱发脾气，我该怎么做？谢谢。

○学诚法师：最重要的是要很好地认识坏脾气的危害。

◇法师，我最近状态不好，易怒，该如何调节？

○学诚法师：善待自己。

◇法师！弟子深知自己嗔心很重。虽明白这一点，但改起来还是很难，忍不住要指责对方几句；难得有时忍下来了，心里却还在怪着先前那人，要恼怒许久。请问该如何修行是好？谢谢法师！

○学诚法师：以责人之心责己，以容己之心容人。

◇法师，最近几天拼了命地发脾气，之后又拼命后悔。难过得要命。

○学诚法师：与其被动地后悔，不如主动地造善因。

◇法师，弟子身心状态不是很稳定，也经常很欢喜，可有时候忽然就控制不住自己发火或者生气了。之后自己很痛苦，感觉这样情绪波动害人害己，但又做不到一直保持平静。想请教您怎么才能慢慢改善呢？感恩法师！

○学诚法师：让心胸越来越宽广，不要只忙着一个小我。

◇法师，何为贪、嗔、痴？如何能把心中的火熄灭？

○学诚法师：贪嗔痴是众生三大根本烦恼：于己所爱执取不舍为贪，于己不欲猛利排拒为嗔，于人生宇宙真相不明为痴。整个修行佛法的过程，都是在对治贪嗔痴的过程，最后断除我执，便是釜底抽薪。第一步先知足少欲，便可稍控制火势。

◇请问法师，贪嗔痴、七情六欲怎样看？

○学诚法师：通过发大愿来净化欲望，通过开智慧来破除烦恼。

◇法师您好！怎么样才能够控制住自己的贪嗔痴？心中很想去皈依！生活纷纷扰扰，不知道哪天才能如愿以偿。

○学诚法师：勤修戒定慧，熄灭贪嗔痴。

## 3. 放不下　苦更多

◇对过去的一些事始终耿耿于怀，该怎样？

○学诚法师：我们不能决定外在发生的事，但可以选择内心保留什么。留下爱，学会原谅；抛开恨，放下仇怨，这一刻便能拯救自己冰冷、痛苦的心，获得自在与幸福。

◇请教法师，如果因为执着而伤害到一些人，放下执着又将会伤害到另一些人时，该怎么办？

○学诚法师：要看如何利益到的人更多、利益得更长远。

◇为什么当我想放下某事时，我却放不下，就算真的痛到自己了，也难以释怀啊？

○学诚法师：越想放下，越放不下，因为此时你的思维被牢牢束缚在此事上，一个有效的方法是转移注意力，去想、去做其他有意义的事情。

◇法师，我有一惑，世俗之缘大概有三种：人缘，事缘，情缘。人缘和情缘经历后好像都看明白了，可这事缘了的时候，我如何也不能走出。

○学诚法师：缘聚则生，缘散则灭。

◇法师，如何忘记一个不能说的秘密，确实扰乱我的心了。

○学诚法师：不去想。

◇法师，如何放下心中的成见？

○学诚法师：成见是不断的偏执思维形成的，也要靠不断的正向思维去打破。要常常想：每个人都是会改变的，自己的看法不一定是真实的。

◇生活中总是操心很多琐碎的事，心很累，总也放不下，该怎么办呢？

○学诚法师：心大了，所有的事就都小了。

◇法师，如何消除人性中的偏执？总是执拗于某件事某个物，活得不轻松。可是，又无法轻易看透介怀。

○学诚法师：百年之后，这事这物又在何处？

◇法师您好！我想请问一下怎么才可以克服自己内心对于生活的恐惧、无力感？怎样可以放下自己心中的执念？

○学诚法师：无我无畏，无私无忧。常观诸行无常，有漏皆苦。常思维因果不虚、轮回是苦、人身难得、生命无常。

◇法师，佛学要求我们放下执着心，这是给了我们一个解除痛苦烦恼的方法，这也是唯一的方法。我知道，我想这也是很多人所向往的，很多东西我都可以放下，就像死亡对于每个人来说都是必经之路，想白了没什么好畏惧的，畏惧的是在死之前这个人还有某些很重要的事没做，就如一位年轻的母亲她将离开世间。

○学诚法师：放下并不意味着要放弃一切、放弃责任，而是放下烦恼，以智慧的心态去担负责任。万事万物都是因缘和合而成，因缘消散时，贪恋、执着并没有任何意义，要把握自己能够把握的因缘，在每一个当下为更好的未来种因，才是智慧的做法。

◇总想把一切事物看得很淡，但是现实太残酷。不去计较，不去争取，机会和名利将会与你擦肩而过。还有太多的责任和义务，迫使自己必须要拥有许多，所以必须要活在当下。唉，一个字"累"怎样可以释然？

○学诚法师：淡泊是指放下不必要的执着，而非看淡一切事物。人生在世，有自己应该承担的责任和义务，这是本分。累不累的关键，是认清哪些事情是该做的，哪些事情是不必要的。

◇看透了该怎么去做？

○学诚法师：透了，就熟了，到时你自然会知道。

◇法师，如何走出心魔？怎样做到放下、看开？

○学诚法师：魔就是烦恼。遇到烦恼正是修行的开始。修行就是改变自己。眼光长一点，多看看未来；心胸大一点，多想想他人。

◇法师，我总是沉浸于过去。总是无法释怀，对过往的云烟总是念念不忘，当下却总是难以振奋。觉得人生总是没有太多的进取心和向上的动力。不愿融入人群，越发觉得自己不善交际。总是觉得别人很厌恶自己。还请法师开示。

○学诚法师：如果习惯于从负面来看待事情，心里就会一直积累消极的情绪，久而久之心中的包袱就很沉重，对未来也会失去希望。要慢慢走出这种习惯，凡事多看好的一面，多去观察、体会身边人的优点、长处，学会感恩。

◇顶礼法师！何以放下执念贪嗔痴，不纠结过去，观照眼下，且不为未来之事烦恼？是所有事情都顺其自然好，还是有时应该将其看作生命的考验而有所偏执坚持呢？那又如何分辨何事该弃，何事应追呢？

○学诚法师：念念缠缚、难以取舍的纠结，往往是因为眼光的局限与狭小，只有把生命的坐标拉长、拉宽，才能更加清晰地看到人生的方向，把握抉择的标准。

## 4. 知止而后有定

◇法师，我总是很难静下心来做一件事情，非常焦躁，怎么调适呢？

○学诚法师：给自己的生活制订一个规划，此外每天早上可以花5分钟左右的时间静坐，把念头放在自己的呼吸上。坚持不懈，自能慢慢改善。

◇法师，打扰了，近来浮躁，信仰缺失，内心对生活敌意很浓，失控而累犬子。求教，如何可消此障及以往业障？顶礼。阿弥陀佛。

○学诚法师：《大学》中说："知止而后有定。"浮躁，是因为向外追逐的太多。心向内缘，才不易被外在种种纷扰所动。

◇顶礼法师，如何让心静下来？看到诸多不合理不合情不合法的东西，人整个就像崩溃了一样，心潮涌动，愤怨啊！

○学诚法师：心向外追逐，就容易随外境转；心向内缘，则自轻安。

◇不甘寂寞，不能静下心来怎么办？怎样才能变得胸襟宽广，练就一颗平静的心？

○学诚法师：要对生命有更高的期许，把自己从琐碎的小我中，从一时的情绪中解脱出来，才能超越烦恼。

◇法师，您好，当下社会生活节奏太快了，心亦跟着浮躁起来，请法师推荐一本能让心平静下来又易懂的书吧。

○学诚法师：欢迎常来。可以考虑每天诵读《心经》，但最重要的是，要读好自己的心经。

◇您好法师！请问念什么经可以让自己心静？

○学诚法师：静不下来，是因为想要的东西太多了。

◇怎么才能让自己的心态平和，不去那么在意世间的人和事呢？

○学诚法师：眼光长一点，多看看未来；心胸大一点，多想想他人。凡事认真，但不要当真！事来不惑，事去不留。

◇请问法师，心静的同时会不会也影响到行动力呢？谢谢法师。

○学诚法师：内心寂静沉稳，行动一定会更清晰、有力。

◇大师，如何才能做到静而不躁呢？请你指点。

○学诚法师：有看破的智慧和宽广的心胸。

◇"树欲静而风不止"，请问法师该怎样？

○学诚法师：珍惜当下。

◇法师，我为什么老是心不静？

○学诚法师：因为放不下五欲八风。

◇法师，请问如何修炼自己的内心不被外界诱惑所干扰呢？

○学诚法师：宗旨明确，目标笃定，就不易被外境转。

◇请问法师，要如何让自己的身心静下来。

○学诚法师：心中要有信仰。

◇法师，如果世界是一刻不停地在变，那怎么追求心中的宁静和安定感？

○学诚法师：坚持不变的信念。

## 5. 找回自心

◇请教一下法师，因年轻时经历的太多，我的内心好似被层层包裹起来，怎么都找不回原来的心了。该如何找回自心呢？谢谢！期待你的慧语！

○学诚法师：层层的包裹，都是"我执"变幻出来的不同面貌而已。"心"不用找，它就在当下，只要破除妄想执着，就能见到。

◇法师，您常说要用心去感悟生活，体会生命。可是现在我很迷茫，什么才是心？又如何去用它来体悟？和平常有什么不同呢？

○学诚法师：心，就是当下这一念。面对身边的人，可以多去观察他的优点和对自己的付出，例如父母；对于身边的物，可以去思考它与自己的关系，例如看到一棵树，可以想到环境的重要性；对于身边的事，可以去观察方方面面的因缘……如此，便能在生命的一切时处培养自己的感恩心、慈悲心、智慧心。

◇顶礼法师：迷失了自我，应该怎样找回？善良、仁慈、施舍，到头来却忘记了来时路，悲欣交集！

○学诚法师：心向内缘，从内心深处寻找。

◇请问法师，年轻人如何能做到不患得患失，拥有一颗平常心？

○学诚法师：佛法讲"依正不二"，种种外在的成就，都是由内心的成就而来。内心犹如树根，外相犹如花果，想得到累累果实，应当在根上浇水。明白了这一点，就不会总在外相上追逐，而是应该时时努力在内心下功夫，造好自己的业。

◇顶礼法师，怎样才能做到不可失呢？尽力而为还是机缘巧合？

○学诚法师：外在的一切终将逝去，重要的是心灵的成长。

◇法师，如何才能收心？

○学诚法师：要靠戒律的缰绳，才能制服暴戾的心马。对于未受戒的一般人来说，心志上要有"见贤思齐"的上进心，行为上要有良好的道德规范，才会有力量主导自己的心。

◇什么才叫修心？

○学诚法师：修，修正、修改。修心，即改变心意，如傲慢变得谦下，狭隘变得宽容，怀疑变为深信。

◇法师，请问如何做能更好地锻炼自己的心性？要做哪些功课？

○学诚法师：锻炼身体必须要长期坚持，锻炼心性也是如此，没有捷径，只有不断地在境界中去实践圣贤的教诲，所谓"历事练心"。

◇法师，希望得到您的答复！一缕阳光的背面是什么？

○学诚法师：你的心里有什么，就是什么。

◇法师，如何建立积极向上的心理状态？

○学诚法师：相信每一个人都有无穷的慈悲和智慧的潜力，只要如理修行，一定会越来越好，直至究竟圆满。

◇法师，当自己迷失了方向，不知如何去收敛这些心，应该怎么做呢？请法师开示。

○学诚法师：靠佛法的光明来引导，靠三宝的力量来帮助，才能解决我们内心的问题。

◇请问法师，人为什么会有那么多的烦恼呢？

○学诚法师：皆因有"我"。

◇请问法师，不知道为什么我的烦恼那么多，怎么也赶不走，请大师明示。

○学诚法师：思想就像独木桥，有佛法就没烦恼。烦恼不必去赶，只要让心里有佛法！

◇法师，所谓的心魔是什么？

○学诚法师：烦恼即心魔。

◇法师您好，怎样才能把生活中的烦恼祛除？

○学诚法师：烦恼不在生活中，在心里，在于我们看待过去、未来、现在的角度和心态。

佛陀　佛法　皈依　学修　净信　共修

第七章

趣入佛法

## 1. 佛陀　圆满的人生典范

◇您好！请问佛是人吗？

○学诚法师：可以阅读佛本生故事。释迦牟尼佛诞生于古印度迦毗罗卫国的蓝毗尼（今尼泊尔境内），是历史上的真实人物。

◇法师，请问学习佛理，必须信佛吗？

○学诚法师：一个你不信任的人，你会跟他学习吗？

◇我是俗众一个，有心实修，要怎么开始呢？

○学诚法师：从认识佛、信仰佛、立志成佛开始。

◇请问法师，成佛是什么目的？解脱又有什么目的？两者的归宿是一样的吗？

○学诚法师：成佛以度众生为目的，不仅自己离苦，还要帮助一切众生都离苦；解脱是为了脱离六道轮回。若仅为了个人解脱，只需要破除我执就可以；但要成佛，还需要圆满无边功德。

◇请问法师，成佛后是否修行？修行的目的是什么？

○学诚法师：成佛后福智已经圆满，不需要再修行，而是投入永不停息的救度众生的事业中。

◇人真的能修成正果吗？人为什么越来越坏呢？

○学诚法师：真修行，一定会越来越好，终成佛果。

◇法师，想请教一个问题：佛陀无贪无嗔无痴，所以面对辱骂也不会生恨意，面对赞叹也不会生高兴之情，那么我们称赞佛陀的意义在哪里呢？

○学诚法师：表达我们对佛陀的恭敬和感恩，也能令更多众生对佛陀生起信心。

◇感谢法师。若果佛为破众生执着相取"金"而宝相愈发庄严，恕斗胆冒犯一问，佛是否自己着相？"一切有为法，如梦幻泡影。"

○学诚法师：佛不需要众生供养，是众生需要供养佛。

◇法师您好！明天佛诞日，想去香港瞻仰佛顶骨舍利，但心中一直不静，杂念四起（其中也有担心因没票进不去红勘体育馆），不知这种状态能否前去瞻仰佛顶骨舍利，恳请法师开示！

○学诚法师：佛诞日瞻仰舍利，殊胜难得，虔诚恭敬，一心向往，时时忆念佛陀功德，处处感怀佛陀恩德。

◇弟子还想知道，明天是世尊圣诞。在这个日子修行、做法事的功德真的比往日大吗？

○学诚法师：在这个日子里，对三宝的恭敬心、感恩心，修行的精进心，是否比往日大呢？

◇法师您好。我是信观音菩萨的。请问菩萨有分很多种吗？属于佛门的吗？

○学诚法师：菩萨是佛教中对大乘修行者的称呼，凡是立志求得菩提、度脱众生的痛苦，使其皆享安乐的人都可以称为菩萨，中国人熟悉的菩萨有观世音菩萨、地藏菩萨、文殊菩萨、普贤菩萨等。

◇法师您好！家里有串念珠，每颗珠子上刻有佛字以及佛像，手持该念珠念佛会否对佛不敬？现在比较困惑，恳请法师开示。非常感谢！

○学诚法师：有这份恭敬心很好，可以把念珠供奉起来，另换一串使用。

◇法师，我有问题想向您咨询一下，我要出远门，家里供奉的佛菩萨不能带走，我该怎么办呢？

○学诚法师：可以带着心中的佛菩萨。

## 2. 佛法 系统完整的生命教育

◇法师，佛教的修行和儒家的修身养性有何不同呢？

○学诚法师：佛教立足于无限生命的基础上，而儒家更强调空间上的广度。不过，这两点其实双方都互有涉及，只是侧重点有所不同。

◇为何信上帝说只要信他便可去天堂，而成佛却需要如法的修行，况且修行的路与境况各不相同，每个修行人怎么样才能找到适合自己的方法呢？求法师开示，感恩合十！

○学诚法师：1.去天堂与成佛，是两个不同的结果，故需要的条件也不同；2.修行的路，离不开善师的指导。

◇谢谢法师指导。我狭义地理解佛教，总以为佛教就是想得开，做善事。然而，人生祸福是前世还是今生注定？与什么有关？我近十年很不顺利，家里不平安，我弟弟、姐夫、父亲都意外去世，姐姐因车祸成植物人，我也因车祸受过重伤。我几近崩溃，为什么会这样？法师，您能帮我破解吗？谢谢。

○学诚法师：佛教不是简单的心理安慰法，而是揭示宇宙、人生的真理与规则的生命教育，依之而行定得福乐，否则人生便只能受制于业力，无奈地生活。可读一读《了凡四训》《俞净意公遇灶神记》。

◇法师，怎样才算信佛？佛教徒和佛学徒有区别吗？您是怎样理解的呢？

○学诚法师：用自己的身、语、意去实践佛法，才是真正的学佛；若只是在文字理论上推演，那只是佛学研究。

◇请教法师一些居士的事，修行无处不在，方式也不止佛家一家。世人往往受挫失意后，寻我佛慈悲，执意于居士这个形式，实乃躲避以求心灵安慰，担心从此消沉。居士是皈依三宝的，在生活上、娶妻生子、饮食起居有什么规定吗？参佛不入佛，如何劝解？望法师指点。

○学诚法师：居士乃居家修行之士，不禁止世俗的生活。修行佛法，学习佛法的智慧，可以让人生更加善良、美好、幸福。

◇佛说修行像爬山，到达山顶的路不止一条。神说真理不是山峰，靠自我修行没人能完全认识真理，掌握真理，行出真理，只能无限接近。这是信基督的妹夫说的话，法师有何见解？

○学诚法师：佛法认为每一个人都能通过如理的修行最终达到与佛完全相同的境界。

◇法师你好，我是一名22岁的大学生，心里很信佛，也很想正式皈依，想学习佛法，但是我却很懵懂，不知道从哪里学起，不知道从哪里入手学习，自己也看过很多书籍，但是我好像还是没有开悟，没有修的智慧，希望法师帮我指引一下，告诉我怎么走这条路，可以让我明明白白地去学习，让自己开悟。

○学诚法师：佛教是一种系统完整的生命教育。真正修学佛法，是需要跟着有经验的老师、一群同行善友一起共学。有时间可以来寺院体验生活。

◇您好，我平时很少上微博，在杂志上看了您的介绍，知道了您，直觉您能帮我很多。我有很多疑问想询问，对于佛教我既感兴趣，又有些排斥。关于生活中的好多疑问找不到合理的解释，想不通的问题有很多。这些都可以通过宗教信仰找到答案吗？另外，在杂志上您说了关于文化那些话，给了我很多力量。谢谢！

○学诚法师：只要如实了解佛法并认真奉行，便能从中获得一切问题的答案及解决问题的力量。

◇法师，找不到自己的信仰该怎么办？

○学诚法师：信仰不一定是宗教，也可以是一种信念，一种稳定的价值观、人生观。每个人都需要信仰，没有信仰的生命是迷茫的、痛苦的、浮躁的，要努力去寻找让自己心灵安定的基石。

◇有了佛法的智慧真的一通百通吗？

○学诚法师：拥有佛法的智慧，便犹如在黑暗的世界中点起一盏明灯，又如同盲人获得了一双清澈的眼睛。

◇想起梁启超说过的："社会既屡更丧乱，厌世思想，不期而自发生；对于此恶浊世界，生种种烦懑悲哀，欲求一安心立命之所；稍有根器者，则必逃遁而入于佛。"为逃避纷繁复杂的世界，寻求内心的宁静，证得无我的境界，逃遁入佛最好。

○学诚法师：认为佛法是厌世的、逃遁的，这是对佛法的极大误解。佛法的真义乃在于彻底认识人生世界，从改造自心开始，为善去恶、难行能行、自度度人，转此苦恼世界而成清净乐邦，增进一切众生的幸福。

◇佛法只是官方地回答问题，并不接近现实。

○学诚法师：口若紧闭，再好的甘露也不能解渴；心门若关闭，再好的法义也不能受用。佛法对人生的利益，需要自己真正接纳并实践才能得到。

◇法师您好，看过一点粗浅的文章。我觉得佛法教人大智慧，授人大快乐。可是我年纪尚轻，害怕多读佛法，让自己少了欲望，从而少了积极、拼搏之心，但是又觉得佛法确实在很多情况下帮我答疑解惑，请问您怎么看待这种矛盾？

○学诚法师："学做鲲鹏飞万里，不做燕雀恋子巢"，佛法绝非不教人进取，而是改变了进取的高度和深度。

◇还有佛说一切无常。既然无常那是不是追求什么都没有意义了？那么佛法、真理也是无常吗？别说我太笨啊。

○学诚法师：1.在修行过程中，志向要坚持，烦恼要放下。当智慧臻于圆满之时，便能达到"不取不舍"的境界；2.正因为无常，所以坏的才能变好，凡夫才能成佛，成佛才是真常、真乐、真我、真净；3."万般带不走，唯有业随身"，正因为如此，人生才充满了无尽的希望。

◇法师，请问大乘与小乘的区别是什么？

○学诚法师：没有大小分别，只是阶段、目标不同，所谓的"小乘"是基础，以自我解脱为目的，而"大乘"是更进一步以"自利利他"广度众生为己任。

◇法师，很多经里都有讲地狱是何样吗？在哪些经书里会讲天人、佛国的境况？地球是娑婆世界，佛在的是佛国，那么宇宙中还有其他的与我们一起存在的世界，我们通过哪些书籍或是方法能够了解和知晓它们现在或是曾经的状况呢？

○学诚法师：可恭敬读诵《大方广佛华严经》（八十卷）。

◇法师，学佛一定要选诸如净土、天台之类的宗派吗？还有一个问题请教，弟子看佛经的时候老是看不懂内容，身边又没有大德请教，弟子不喜欢看翻译，这样不求甚解地念有用吗？请法师赐教！

○学诚法师：一切佛法，以教、理、行、果四门涵之，学佛之人都必须经过此通途。如何选择适合自己的修行法门，要看自己的因缘、条件，并应听从善知识的引导。在没有找到善知识时，宜多培福、发愿，能坚持诵经很好。

◇法师，今天有同学和我说佛教是迷信。因为我在尘世中，难免生气。可是我也不能准确地告诉他佛教的意义！心里好不舒服。虽然佛家提倡万物皆空，可面临这个我心不能空。请法师明示，到底佛教为什么不是迷信？

○学诚法师：你可以带着这个问题，去研读佛教，去体验佛教，去实践佛教。佛教是一种系统完整的生命教育。当你真正搞明白这个问题的时候，相信会是一个全新的开始。

◇法师，您好！我最近两年对佛特别感兴趣，请您给我介绍几本入门的书，谢谢！！

○学诚法师：可先参阅《佛教常识答问》（赵朴初著），以及一些高僧大德的传记。

◇法师，我今天在一佛教论坛看到一篇文章，谈到《玉历宝钞》属附佛外道，信佛人不宜流通，由于弟子所知甚少，难辨真伪，乞请法师为末学指点迷津，如何对待。

○学诚法师：多去三宝地学习，不宜自己在网上寻找资料、围观争论。

◇顶礼法师。在目前这个知识爆炸的时代，学佛之人是否也应尽量多读些祖师大德的著述，而不是像古时惜纸如金的年代，因流通的佛经、古德著述较难寻觅，因此不得不被局限在有限的典籍之中？但在佛门典籍极大丰富的同时，又该如何避免"贪多嚼不烂"的弊端？是否仍应按照一门为主、其他为辅的规律行事？

○学诚法师：读什么、如何读，要看自己的目的和条件，并且在善知识的指点下进行，不宜随自意乐，没有计划和选择地盲目去看。

◇法师，我是一个科学工作者，我想问在飞速发展和被证明的科学时代，我怎么才可以摈弃这些全心信佛，我内心深处觉得，我和佛法很有缘，我也十分愿意去信，但是信念不足。

○学诚法师：信佛不必摈弃科学。有机会可以到北京龙泉寺来参加法会。

◇法师，阿弥陀佛！我是初学佛法，这两天在网上看到可以给饿鬼道众生施食，我也想学习，可突然有些不解，疑惑！请法师开示！佛菩萨的一句咒语就有很大的加持力，令众生解脱，那佛菩萨的威力无边，为什么不直接救度饿鬼道众生，还要我们去念咒施食呢？只想去疑生信，惭愧！

○学诚法师：俗话说"师父引进门，修行在个人"。可以思考一个问题：佛菩萨慈悲，那为何他不让众生都直接成佛，还要这么辛苦地修行？


　　◇法师您好，在您眼里藏传佛教与佛教有什么本质区别吗？您是怎样认为的呢？


　　○学诚法师：所有的佛法都是一味的，外在的表现形式因地制宜。


　　◇学生信佛，是否是一种迷信的表现呢？


　　○学诚法师：信佛，是一种信仰，不是迷信，也跟人群没有必然的关系。迷信，是一种"盲目的相信、不理解的相信"。

## 3. 皈依三宝

◇法师，我现在不知怎么去修佛，从哪儿做起，请法师明示！

○学诚法师：皈依是入佛门的第一步，可学习《皈依三宝的意义》。

◇阿弥陀佛，法师您好，朋友想去皈依，可是担心皈依后很多事情做不到，该怎么办呢？

○学诚法师：皈依，是修学佛法的第一步。可以先看《佛教常识答问》（赵朴初著），了解并学习皈依三宝的意义。

◇法师，我想皈依，应该怎么做？

○学诚法师：皈依，找三宝具足的寺院就可以。

◇很多情绪还没理顺，心里乱糟糟的，向佛想解心中烦恼，又怕现在不是皈依的时候，请问法师什么时候皈依才好呢？

○学诚法师：当我们感到苦恼，希望改变的时候。

◇当痛苦来临不再痛苦，当悲伤到来不再悲伤。法师，不知这一切该如何坦然面对？又该如何自度？

○学诚法师：皈信三宝。专心依仰，必无不救。

◇法师啊！其实我把皈依看得很重的，所以一般不轻易皈依的，昨天随缘见了一位西藏的法师，法师特别慈悲，看了我很久，问我可有皈依师，告知已皈依您，但是为了学习他们的佛法，我也随缘皈依了。法师啊，我的心其实不算清净，也不够恭敬，这样的皈依是不是对两位师父都是不恭敬呢？

○学诚法师：皈依，是皈依三宝，佛法僧三宝。不是皈依某个人。

◇顶礼法师！弟子向佛之心多年，皈依之心日重。但总觉得善缘未足，上师未曾现前。我该如何是好？

○学诚法师：善缘不是等来的，要靠自己去营造。光有心，没有行，也是枉然。

◇再烦劳师父开示三事：1.我觉得大家一起皈依不够郑重，想通过单独皈依郑重地进入佛门，这种注重形式的想法是不是不对？2.想找个指导次第修行的老师，又觉得没有机缘，是因为福德不够，应该继续等待还是认真寻找？3.拜请法师开个入门后的学习书单，谢谢！

○学诚法师：1.郑重与否，不在人多人少，而在自心；2.发愿，发希求心，并努力培养弟子相、净罪集资；3.找到善知识，跟人学。

◇顶礼法师！我信佛六年，但一直没有机缘皈依。十斋日吃素念《地藏经》，每天念《金刚经》。可现在因为家里更好的发展，需要信仰别的宗教，我内心很纠结，请问法师，怎么看这个问题？阿弥陀佛。

○学诚法师：信仰是生命最深处的归宿，若如此容易为世间的利益而动摇，也不成其为真正的信仰了。

◇顶礼法师！末学看《金刚经》，觉得菩萨并不会救人只能自救。所以觉得还是老老实实念佛，不与佛祖做交易。我这种理解对吗？请您开示。

○学诚法师：皈依、祈求佛菩萨，是开启自己内心福慧的钥匙，佛菩萨是殊胜的外缘，感得这个外缘，也是自己努力的一部分。

◇我今天看见了法师回了我的对话，心里特别感动，在我无助的时候，给了我一片光明。内心十分感恩。我想对同修们说，每一部经典都是开启智慧的钥匙。还有对不起法师和同修们，我很少有时间上网，你们给我的帮助和鼓励不能及时回复，还是用一句俗语说谢谢。

○学诚法师：勤修皈依，常念三宝。

◇弟子眼前和内心尽是黑暗，因无灯塔，恐如迷途之羔羊，误入歧途。

○学诚法师：佛法的智慧能够点燃心灯，破除迷雾与黑暗。

## 4. 依师学修

◇法师，我想学佛，可我不知道怎样学，怎么办？

○学诚法师：世间想要学习，会找学校、老师等，修学佛法亦复如是，要找到寺庙（学校）、善师（老师）、善友（同学），然后才能系统、完整地学习。

◇顶礼法师，为什么修行必须要有师父指导？自己看佛经、诵经，自己悟道不可以吗？

○学诚法师：世间学习知识尚且要进入学校，要有老师教。修学佛法亦复如是，也需要有经验的人的指导。

◇请问法师，身边如无大善知识可假，是否可假佛经、佛书、佛教网络等见性？

○学诚法师：绝无可能。以六祖的根器，尚需亲近师长、聆听教授。可自问：我比得上六祖吗？

◇请问法师，学佛一定要有皈依师吗？是否可以依经典自学，比如修净土的念佛就好了？

○学诚法师：世间各行各业，要想学习，都需找到老师，极个别"自学成才"之人，只是没有经过正规学习，但也离不开老师的指点。世间尚且如此，佛法是出世间极难之法，岂可无师而能得成？

◇初修行者，学习禅和静坐有哪些要求？都有哪些典籍可参详？多谢！

○学诚法师：学习禅坐，身边一定要有经验的善知识指导，否则容易出问题。

◇法师早！老师在学校里工作，也就是说，善知识也应该是寺庙里的僧人。我这样理解对吗？

○学诚法师：对。对于修学佛法的人来说，出家人就是老师，因为出家人是以全部身心来实践佛法的人。好比唱京剧，有科班出身，也有票友，不排除个别票友唱得也很好，但是要学习京剧，还是要跟着科班出身的专业人士系统学习。

◇顶礼法师，清明不够持久，有退转，且自悟返回清明又需不短的时间。是缺乏善知识的指导，还是对自己的心太纵容？以为无碍，其实容易着魔，一时回来了，一时又散了，不恒定。

○学诚法师：修行路上的进退是正常的，但如何确保是走在正确的路上，离不开善知识的指导。

◇谢谢法师开示，很多疑惑顿解。想问法师，有志修行的人怎么判定应该跟从哪位法师？有什么标准吗？

○学诚法师：佛法难求，善知识难遇。当发大希求，努力让自己具备弟子相，若有缘值遇善知识，便当深生珍重，专心跟随，不可三心二意、好高骛远。

◇请问法师，"若真修道人，不见世间过"是什么意思？现在网络里是是非非的东西很多，弟子们该如何抉择？

○学诚法师：这句话是强调修行人用功的方向是自己而不是外在。网络上争论多，初学不易分别，不宜盲目相信，当谨慎寻求公认的善知识，踏实学习。

◇请问法师，忧郁焦虑、妄念纷飞的人如何才能解脱自在？想学佛具体从哪一门入手比较好？

○学诚法师：少一分担心自己，就多一分解脱自在。学佛从依止善知识开始。

◇法师，我该怎么找老师呢？

○学诚法师：寻找公认的正法道场及师长。

◇请教法师，如果人在海外，难以找到上师，如何学佛呢？

○学诚法师：种因、结缘、发愿。欢迎多来我的微博、博客看看，也可以参加龙泉寺网络佛学院的学习。

◇谢谢法师教诲。想问一个小问题，我很想遇到自己的师父，除了祈愿和修行之外就是等待吗？如何主动寻找？

○学诚法师：好好种因（净化自己的弟子相），自能得果。内心不要先设定"自己的师父"，才不至于错过有缘遇见的善知识。

◇法师您好！您的笑容是我见过最灿烂的笑容。只有内心非常自在的灵魂才有如此喜悦的情怀！我在偶然中几次相遇您的简介和图片，我在自修弥勒净土，非常希望得到您的指导，希望我能到北京龙泉寺拜见您！

○学诚法师：修学佛法，需要师法友和合增上的团队。

◇感恩法师！说实话，我是不信任、不确定我将来的上师是否正信。或许自己的妄想太多了，业障太多了。不知道应该如何去选择。

○学诚法师：对初学来说，依止公认的善知识是最保险的做法。但要注意的是，依师重在培养自己的弟子相，而非带着不信任的心去省视善知识。俗话说"疑心生暗鬼"，带有这样的心理，即使是对具德的上师也会看到很多过失。

◇尊敬的法师，我是个自己学习佛学并实践坐禅的在家人，深知没有老师指导的危险，已经自学将近2年了，从开始的单盘到现在的双盘，中途也被一些尘世打断过功夫。我的生活几乎完全同于僧众，包括持戒，但还不知道现在是否归于正道，望您慈悲指点。

○学诚法师：认识问题，是一个新的开始。禅坐实修，需要身边有经验人指导，通过网络仅是一种交流学习。

◇法师，您为何要如此强调对师长的"恭敬心"呢，他们也会犯错呀，也会不负责任呀，这和明心见性有什么关系呢？

○学诚法师：心怀恭敬，我们就能从师长那里学到最多。同样，佛法的修行离不开老师，若养成了随意对师长挑错的习惯，自己内心就不容易生起信心来，也就得不到更深的佛法受用。所以，要在当下就培养自己的好习惯。

## 5. 信为能入

◇法师，为何我总冒出一些不好的念头，如怀疑。如何断疑生信呢？

○学诚法师：信心与怀疑，就像跷跷板的两头，不必思虑怎样断除怀疑，而要着力在培养信心上。多闻思，信心就能慢慢增长。

◇佛法无边，能治癌症否？既不能治，何为无边？

○学诚法师：佛法大海，信为能入。关键是，如何具备一颗净信心。

◇法师，请问我下面的想法是惑还是疑：为何佛要信才去救？才能度？这和他的慈悲是否相违？此问如有罪在此合十忏悔！

○学诚法师：佛法就像阳光，平等普照一切。缺乏信心，就好比把自己关在屋子里，失去了得到阳光照射的机会。这不是阳光的错，而是人自身的选择。

◇法师，我内心坚信有鬼一说，导致自己无法安眠。但我并没有做过伤天害理之事，是信佛不够坚定吗？

○学诚法师：坚信有鬼，更要坚信有佛菩萨，对吗？

◇法师，您好，为了宝宝能够安乐易养，我在怀孕期间为她读了119遍《地藏经》，但是宝宝出生后脾气还是很不好，很爱哭，有时黑白颠倒，晚上成晚不睡觉让人哄，怀孕期间我和老公生过几次大气，对宝宝很不好，虽然知道原因，还是很沮丧，对佛法有时会失去信心，我该怎么办？

○学诚法师：对佛法的信心，先要建立正知见。勤修佛法，常随佛学。

◇请问法师，初修者信心不够坚定怎么办？就是处于那种既愿意相信又不完全相信的状态。我觉得如果是有坚定的信仰，前方路上遇到什么困难都可以克服，就是这种半信半疑，使我非常痛苦。感谢法师。

○学诚法师：坚定的信心本来就是修行的一个结果，而不是先有了这个前提才能去修行。修行是需要积累的，不要急。饥饿的人，刚刚开始吃第一口饼时，还是会觉得饿，不需要怀疑吃饼是否能饱，只要继续吃下去。

◇请法师帮帮我！去年的观音菩萨圣诞，弟子在龙泉寺皈依，之后参加很多朝山放生的活动，一心向佛、做功德。后来弟子怀孕，期间念经抄经无数，但是孩子在足月的时候还没出生就离开人间！弟子想不明白为什么！并且想念经做功德回向给孩子，但是根本一点儿都念不下去，还总是想以前的都白念了，法师，我该怎么办？

○学诚法师：天下子女有四种：讨债、还债、报恩、报仇，这并不一定是坏事。

◇法师，弟子是持名念佛的，有个师父说我们修净土的人是仰仗佛力，同时也有用观照的功夫，是否有冲突？这位师父对我用观照来修学非常反对，他说念佛之人只要念佛即可，请法师开示！感恩法师！以上是我婆婆托我向法师您请教的，谢谢！

○学诚法师：念佛，重在真信切愿，是心念而非口念。

◇最近在庵里看见一位90多岁的师父，因病痛躺在床上，好多人为她诵经念佛，为她祈福，不间断地念着，真的有用吗？

○学诚法师：一切身语意，都会有作用。

◇顶礼！人生百年，死是常态，各宗教宗祖大师一直探索超越生死，却无一例外示现无常，据说八地以上才不疑不退，弟子愚钝，为何宗祖大德不显现不同于此的无常，二百、八百、千年住世，如此不是培养大众增上信心？正法与世长存？

○学诚法师：若真如此，众生对佛法、善知识就不会有希求心了——人往往是要失去东西才会珍惜。

# 6. 共修共学

◇法师，现在授皈依的都是寺院方丈，但是平时里要亲近学习的机会很少，又该如何处理呢？

○学诚法师：如果把寺院比作学校，方丈是校长，出家法师就是老师，同行善友就是同学。在老师的指导下，与同学一起切磋琢磨，共同成长。

◇法师好，以现时代众生的特点，依怎样的次第来修行，才稳妥呢？祈请法师开示。弟子顶礼祈请。

○学诚法师：当今时代注重团体协作，依靠共业修行最为紧要。故第一步需培养对团体的信心，才有坚实的基础继续走下去。

◇感恩法师指导弟子目前应该学习赵朴初老居士著的《佛教常识答问》和正果法师著的《佛教基本知识》，通过学习教理来培养对佛教及修行的正确认识，才能更好地认识、把握乃至改变自己的心，用功也能更加得力。有些同修跟着各地的学佛小组在学习。还有那么多弟子怎么办呢？法师能够一一指点吗？法师辛苦了！

○学诚法师：要靠团体的力量共同进步。除了师长外，同行善友也是非常重要的，要善于向身边的每一个人学习。

◇末学一心想修学佛法，但身边缺少善知识，那么先从破除我相入手可行否？目前主要学习《大乘百法明门论》，如此是否如理如法？恳请法师开示。

○学诚法师：自己去学，弊端很多。可以多去我的博客看看，也可以尝试参加龙泉寺网络佛学院的课程，慢慢地培养起团体修行的意识来，这比急急忙忙去"修"更重要。

◇法师您好！我想把《佛教十三经》里面的佛经轮流学习，读诵。并坚持下来，可否？祈望您的答复。

○学诚法师：这样努力的心很值得赞叹，但修行必须要依据善知识的指点进行，与团体一起共学，不宜为自己安排学修计划。

◇法师，为什么我没耐性看经书呢？我看不懂，是自己文化太低了吧，怎么样也看不进去。

○学诚法师：是不习惯。最好找到善友一起读诵、学习、行善积福。

◇法师，我是学净土的，平时都是自己在家读经念佛，对自己帮助很大。现在也想求一明师，有共修学友，但不知何处去求，感觉明师难得，真佛友难得。

○学诚法师：多去寺庙亲近三宝、结交善友，渐渐便缘随愿来。

◇法师好。我是从去年6月19日开始接触龙泉寺的，也是那时候了解了佛法的，我想学习佛法，不知道从什么经开始学习。我现在参加了学佛小组的学习，也是网络学习小组的成员，但是我又怕自己太差，想先学习一下，还请法师指点一下，感恩法师！

○学诚法师：正因为不懂才需要学习，无须自卑。好好跟着团队学习，每次有一点收获就是进步！

◇顶礼法师！《印光法师文钞》里讲过净土法门最契合现代人根性（现代人指印祖生活的民国时），又说别的法门如蚁子上于高山，而净土法门如风帆扬于顺水。

○学诚法师：当今时空因缘下，个人独修，如蚁子上高山；团体共修，如顺水扬风帆。

◇法师，现在我初学法，有人总打击我，还说得很漂亮，这是善友吗？是逆耳忠言吗？是我狭隘了吗？

○学诚法师：记人之长，忘人之短；谈人之善，容人之过（这也是在培养弟子相，为依止善师善友打基础）。

◇顶礼法师！近期在一个修行团队当中，因为执行纪律的问题令自己与同修起了烦恼。本人不想做任何辩解，无论如何自己有了烦恼和嗔心都不对。心里总是不安。如何才能真正修好忍辱波罗蜜？能够带着清明稳定的心对事对境，而不被境所转？

○学诚法师：遇到烦恼，正是修行的开始。提策发心，恒守正念。勤修佛法，常思业果，心结自开。

次第　业果　持戒　不二　自心

第八章

如教修行

## 1. 修行有次第

◇法师，弟子想今生好好修行，可是不知道如何做才能叫作好好修行，做什么样的事情才叫修行。除了随缘行善、拜佛念佛以外还能做什么事情？请法师开示。也请法师开示如何才能够修大度、修放下。

○学诚法师：修行就是修心，让自己的心从狭隘变得宽广，从贪婪变得慷慨，从嗔恨变得慈悲，从愚痴变得智慧，就是修行。拜佛、念佛、诵经、行善，都是修行的方法，但是这些方法必须在善知识的指导下使用，才能取得良好的效果，故修行的第一步是找到善知识。

◇阿弥陀佛！顶礼法师！应该如何全面了解佛法的整体？分几个阶段？先从哪些经典入手？能自学打坐吗？

○学诚法师：了解佛道整体，学习《菩提道次第广论》是很好的选择，可以联系龙泉寺客堂得到相关学习资料，最好可以找到师友团体一起学习。没有善知识指导的情况下，可随缘静坐，不宜自学打坐。

◇法师，我一直理解佛陀是希望我们能够通过自己的修行摆脱苦难的轮回，而到达极乐世界，可为什么很多人又说今生修来世的福呢？佛陀不是认为在世间轮回生老病死本身就是痛苦的么？

○学诚法师：佛陀教导众生离苦得乐，有三个层次：一是人天之乐，即求增长今生及来世的福报；更进一步是解脱生死轮回；最究竟的是不仅自己成就，还能帮助一切众生成就。不同的人有不同层次的追求。

◇法师，听法时欢喜，便会与贪相应，不欢喜便会与嗔相应，这两种情况之外便与痴相应，请师父开示心如何安住才能不在三毒中？

○学诚法师：勿要根据自己的思量来理解修行。从善知识处闻法，然后照着去做，是真修行，久之方能开智慧、破烦恼。

◇请问法师，现阶段如有时间，是少想、参空性，还是定目标计划做事？着力的次第是什么？

○学诚法师：依师、闻法、如教修行。

◇法师，我觉得我现在最大的障碍，最突破不了的就是"放下"，您能帮我介绍一套学习佛法的规范吗，比如先学什么做什么？

○学诚法师：规范易立转心难，佛法是修心的功夫，靠的是长久的努力，没有捷径可走。

◇师父，我很想自己练习打坐，已年近三十，尚无老师指点，只能靠自己，但是前段打坐可能右腿筋别着劲了，到现在右腿还是无力，稍好转我还是想继续打坐，请问怎样才最稳妥又有利打坐禅定？

○学诚法师：禅定必须建立在持戒的基础上，如同盖二层楼的房子，一定在一层楼的基础之上，违越次第去做，不仅得不到成功，反而很容易出问题。应踏实下来，认真在生活中遵循五戒十善。

◇顶礼法师！经中云"不怕念起只怕觉迟"，末学常遇到此种情形：烦恼来了，心也随之而动，事情去了，心态平复些了，才发觉"啊，又被烦恼拿住了"。偶尔在烦恼起的同时自己也能察觉，但即便如此，随后还是被烦恼带跑，心中没有力量与之抗衡。您说的"观照我们心念的起伏"该如何具体下手练习呢？感恩！

○学诚法师：内心的清明、觉照力、敏感性等，都需要长时间的积累、练习，刚开始比较粗猛，难以观察到比较细的心念，这都是正常的。一方面要多净罪集资，另一方面要多闻思佛法，慢慢才有能力来观照内心。

◇"故先以戒治其业，次以定、慧澄其惑。惑唯昏、散故，定、慧二法而对破。"法师的开示精辟解答了我的疑惑，只是在家人没有良师的指导，如何修定而不散呢？是要自己练习禅定么？

○学诚法师：在家人当以五戒十善为修行重点。修行不是一生一世的事情，要发大愿、长远心。

◇我现在有个问题想请问您：我为激励自己精进修行，去年在《地藏经》面前发了对自己的恶誓愿，可后来发现很难做圆满，就又在家中的一张准提菩萨画像前发愿收回之前恶愿，可心里还是不能完全放下，恳请法师开示，我应怎么做？

○学诚法师：无妨，随力随分去做就好。今后发愿时要考虑到实行，尽量做到言出必行，否则容易养成不好的习惯。

◇菩萨乃觉悟的众生，众生乃未觉之菩萨，故菩萨曰觉有情。记得《西游记》里有句话，唐僧对妖怪说：只有愚痴才有差别，拂去尘埃，你我都是一样。法师，现实中，起心动念无不在了别之中，无分别心而又清清楚楚的那个境界，对讨生活的人来说可有方便之法？顶礼法师！

○学诚法师：当前阶段不求无分别，重点在仰望三宝、抉择善恶。

◇顶礼学诚法师！跟别人打交道或做事情时就是明显体会到辨别心开始的时候。应该朝什么方向努力，去断这个"分别心"呀？感恩法师。

○学诚法师：分别心，就是对立的心、隔阂的心。站在更高的立场上去考虑问题，多考虑问题的整体性、长远性、连续性，而不是仅考虑个体（小团体）的利益，心量大了，隔阂、分别自然就少了。

◇法师，执着于佛法是错误的么？应该怎么去分辨？阿弥陀佛。

○学诚法师：一个人已经渡过河后，不应再负船前行；但当他还没有渡过河时，则需要依靠它。初修的阶段，应该"择善固执"，但要明白佛法的本意，而不是执着佛法的形式。

◇请问法师，把"苦"看作是一种修行，和用佛法化解"苦"是一样的道理吗？感谢法师。

○学诚法师：并非吃苦就一定是在修行，关键是明白：吃苦是为了什么？

◇"修道就是要在顺境和逆境中磨炼和考验自己。"让人觉得修道是一件比较痛苦的事情。但我觉得只有修道给人愉悦之后，才能使修道者坚持啊！

○学诚法师：修道的确不易，但是绝对值得。让修道者坚持的，不仅仅是一时的愉悦，而是足够长远的眼光。

◇我的朋友去普陀山，说与观音菩萨用梵语对话，菩萨传她打手印。之前她未学佛未修行，只是因事找一在家居士，并称其为师。师父被称为活佛，劝她去拜观音，并说能起功、通梵语等等。请问这是怎么回事呢？

○学诚法师：学佛不应追求神通、感应，老老实实在因果上努力，否则容易落入魔境。

◇请教法师：佛法在生活应用时如何把握度？例如帮助他人应到什么程度？若说发愿尽力，散尽家财和生命也没有止境，布施是不是一种执着呢？还是该随心随缘？感谢！

○学诚法师：六度都是自度的方法，要明白修行的本意，有善巧、有次第地进行。

◇如何获得大坚固力？虽然我们布施、念经、放生、发菩提心、回向，一心行大乘向善，但自忖是否可布施头目脑髓、田舍妻儿，难！如何培养？顶礼。

○学诚法师：修行有次第、有善巧，不是生硬模仿，先从微小之善做起。

◇顶礼法师！虽有信愿，为何在处理平时事务上还不太得力，观照可能还是因为放不下，如何得坚固力、得大忍心，做到真自在、真解脱？

○学诚法师：水滴石穿，非一日之功。坚持！

◇请问法师，为什么学佛以后反而心里的苦恼更多了呢？总是埋怨自己又说错了话、做错了事，生气的时候告诫自己要忍，但是憋在心里越来越不开心，做事的积极性也没有了。如何学佛学得开心呢？

○学诚法师：这是因为学不善巧，犹如自己到药房里找了一些不对症的药来服用。用对了药，病才能好；学对了法，心才能开。反省与忏悔不是初学阶段的重点，当先着力于皈依与业果。

◇顶礼法师，我是一个学生。我很有幸能闻得佛法。可为什么自己感觉自从学佛后处境却愈加困难了呢？是我自身的问题吗？请您开示。

○学诚法师：学佛有三个步骤，即闻、思、修。由听闻佛法而思维佛法，由思维佛法而明理而行，这是学习佛法的次第。佛法注重实践，若没有真实的行践，也得不到真实的受用。古人说："运水搬柴，无非妙道。"日常的一切举止动作，待人接物，处处皆是佛法。能有幸值遇佛法，更要去实践佛法，才会有自身成长的提升与超越。

◇法师您好，我身边有信佛的人士，经常为了满足自己的心愿去寺庙捐赠、献花、敬灯。我个人认为有目的性的作为，并非是在做功德。您怎么看呢？

○学诚法师：这也有次第。一开始是需要借助有所求去做善行积累福报功德，逐步到最后才达到无所求心。

◇顶礼法师！很多人争论当今是否末法，有论说一念正即正法，一念迷则末法；一论说时下距佛灭度2500年，正是时间预言上的末法；一论说有经在有佛像在，还是像法时代，想此争论如彼故事求结果一般，本是虚幻，仍想请教。顶礼！

○学诚法师：真实修行，离诸戏论。

## 2. 深信业果

◇法师，前世今生到底有何因果？

○学诚法师：前世的造作犹如种子，今生的境遇犹如果实。例如：不杀生，得长寿之果；不偷盗，得富裕之果；不邪淫，得眷属和美之果；不妄语，得大众信敬之果。

◇法师，今生之苦乃前世之孽所造成的吗？

○学诚法师：今生遇到的一切境遇都是前生的因与今生的缘际会而成。

◇法师，所谓因果循环，是只因生在凡尘世俗间？

○学诚法师：生在世间，是因为造了生在世间的业；轮回不息，也是因为造了轮回的业。

◇法师，请问如何理解"业"？

○学诚法师：业是指身语意的造作、行为，它能产生一种潜在的力量，主宰人的生命。

◇法师好，在学习经文的过程中，发现经上有的观点用现在的想法很难理解。比如：恶性从蛇蝎中来为人，口臭者是因为恶口骂人。请法师指点。

○学诚法师：一粒种子为什么能结出果来？我们也只是能看到这个过程，细想却不知原因，但这并不妨碍人们享用果实。因果之法，法尔如是，相信并遵循这一规律实行，就能受用。

◇顶礼法师！还有一点不明白，这个"思维"和"妄念"与发心有关系吗？如果我上班时，老想着要怎么发财，然后用自己的所学和才能，精心策划通过各种方式去挣钱，这个有没有问题呢？另外，我智慧不够，对这些思维活动，有可能背后的业缘比较复杂没法看清楚的，应该如何训练心，不让自己造恶业呢？

○学诚法师："发心"也是一种心理活动，它决定了造业的方向。智慧来自于听闻、思维、实践。

◇初学有问题，请法师解疑释惑。佛菩萨救苦救难，《普门品》等上都有。然而因果不虚，如果是业果成熟受报时诚心求佛菩萨救，佛菩萨肯定救的，那成熟的业果怎么办？

○学诚法师：菩萨救，也是业果成熟。因诚心祈求的善缘，令善业成熟，并减轻恶业的果报。

◇法师，往昔所犯的种种恶业现在学佛才知道，我该怎么办？我害怕果报。

○学诚法师：学习佛法就是为了改变自己的果报，害怕无益，从现在开始种善因、断烦恼就好。

◇法师，你好！人真的有因果报应吗？现行的社会好人没好报，如果你不做坏人总是被人害。这样的话真的都要去做坏人吗？

○学诚法师：种瓜得瓜，种豆得豆。业果真实不虚。要知道，有些时候，不是不报，只是时辰未到。

◇那为何会有好人没好报的说法？又为何会有好心办坏事的说法呢？

○学诚法师："好人没好报"，是目光短浅，不懂因果；"好心办坏事"是缺乏智慧，但事情的结果不好，并不一定没有造善业。

◇法师，如是因，如是果，可是如果因果被人恶意颠倒而造成重大人生变故，事过境迁后有必要澄清吗？虽说事实说明一切，可是身受重大人为伤害，怎样处理才符合中道思想？请法师务必明确指点，谢谢！

○学诚法师：因果是不会被颠倒的，颠倒的只是人心。

◇法师，南阎浮提众生，举止动念，无不是业。我们的命运都与宿世的业力相关。那么，在这世中，所谓创造因缘，又有何意义呢？

○学诚法师：为了未来的果。

◇法师，有一事不明，都说前世因今世果，我们再怎么创造因缘，也只能是消今世业创来世果，今世的果已然无法改变了，是吗？

○学诚法师：因缘足够时，今生就能改变，例如极善或极恶的业，今生就能感果。

◇请问法师，身语意中的"意"是否主要指人的起心动念？如果有些不错的念头，却没有去付诸行动，那还算是善吗？

○学诚法师："意"就是起心动念。若仅有善念，没有付诸身口，也是善业，属于思业（业有二种：思业、思已业）。仅有思业，无论善、恶，所感的果报都会比较轻微。

◇顶礼法师！有件事得好好问问法师，我曾送同学一本《普门品》，因为当时她说听广播里唱的《心经》很好听，就给她经文了。时隔几年，今天偶然见到问及她经文读得怎样。结果她说经文找不到了。估计是弄丢了，也怪我当年刚刚接触佛法，不懂恭敬佛经的重要性。我们该怎么办呢？有什么补救的方法吗？

○学诚法师：是无心的，没关系。有机会可以带她到三宝地感受佛法，培养发自内心的恭敬。

◇顶礼法师，请问请别人吃饭，自己吃素，他们吃荤，这样是造业吗？

○学诚法师：外在的事情很难圆满，选择上，"两害相权取其轻"；发心上，要努力发大愿、净愿。

◇顶礼师父！弟子提醒旁人身上有小虫，不料她随手将小虫捏死，弟子后悔万分，无意造成小虫被杀，使他人造下杀业。求教师父应该如何是好？

○学诚法师：内心忏悔，发愿将来究竟利益一切众生。今后要更注意善巧。

◇请问法师，从事养殖业是否违背佛法？

○学诚法师：养牛、羊等取奶剪毛，不杀生，则不算违背佛法。如果直接带来杀生食肉，则违佛法。

◇法师你好，本人信佛，但是从事厨师行业，是不是一种罪过？合十！顶礼！

○学诚法师：杀生，肯定是不好的。

◇法师，我是一名动物传染病专业的研究生，因研究需要，经常会用一些实验动物，例如小鸡、小白鼠、小猪；这么多年下来，也杀了不少生，每次处死它们的时候我都感觉很不舒服，心里有罪过感。现在，我应该怎么去做呢？谢谢您，阿弥陀佛。

○学诚法师：若实在避免不了，就要从内心超越此境，发大心救护更多众生；同时，多为它们诵经回向，长期坚持。

◇法师，我一直很矛盾，到底是相信天意还是相信缘？或者两者本就是矛盾的？望法师开示。

○学诚法师：一粒苹果的种子，只能结出苹果，这就是"天意"；土壤、阳光、水分……这就是"缘"。前者是因，后者是缘，二者和合，才能得到果。

◇顶礼法师！据说，力行善事，达到一定的程度，可以改命，这是以善业抵消恶业，还是善业提前成熟了？是否往昔所造诸恶业仍会受报？恶业的种子是否只能靠忏悔才能清除呢？祈请法师赐教。

○学诚法师：影响感果的因素有二：因、缘。忏悔是对治恶因，行善是隔离恶缘。

◇求法师慈悲开示：自知种下了严重的堕恶道的因，怎么办才好？

○学诚法师：忏悔、皈依、种善因。

◇法师，我每月初一、十五以及各佛菩萨诞辰坚持放生好多年了，为什么家父还是73岁就往生了呢？放生不是能给父亲延寿的吗？况且他身体很好！我很纠结。

○学诚法师："欲知前世因，今生受者是。欲知来世果，今生作者是。"生命不仅是这一生的，放生的善业肯定会感善果，毋庸置疑，消宿业、种善因。可以研阅《佛教常识答问》（赵朴初著）、业果故事等。

◇善恶有果报。弟子自问，何是善，何是恶，何是贤者，何是恶人，非现世所能定义。若有善恶之分，即为着我相。弟子拙见，唯有相信现世因果，才可得六道善报。

○学诚法师：看待因果，必须投以三世的眼光；实践因果，离不开现世的分毫。

◇顶礼法师！很多恶业都是不经意间而为，虽然自己能时时观照、忏悔，但还是会不时地造身、口、意的恶业。曾闻是因为宿业太重，人心太粗，无法提前觉知。如何才能把心修细？如何才能提前觉知而不为恶？阿弥陀佛！

○学诚法师：修行也是从粗到细、从浅入深，慢慢来。

◇法师，最近的修行困扰是，因为知道有因果报应这一说，所以就会话不敢说，想也不敢想，如何是好？

○学诚法师：多起善念、说好话、做好事。

◇顶礼法师！弟子以前经常串习算命术，现在有时候看到孩子迷迷瞪瞪的，就会想，这是他眼下的时运。请教师父，这样是不是没有皈依三宝？是不是应该用业果来思维？想到是过去世的业感的果，然后我要用念佛诵经来利益他。对吗？

学诚法师：学习业果，不是把一切都推到宿业，然后忽视今生的努力，而是让我们运用业果的规律，积极地造善因、结善缘。

◇请问法师，学佛初学者是不是应该先修五戒十善，即是十善业道？祈请法师开示！

○学诚法师：初学者首要培养对三宝的信心，对业果的信心，从听闻开始。行持上，无论初学还是久修，都应当努力奉行十善业道。闻思与行持缺一不可，既不能光闻法不行持，也不能只行持不听闻。

# 3. 持戒为本

◇顶礼法师，末学想去寺院皈依受五戒。但是我怕我会犯偷盗戒和妄语戒，比如上班时做其他事情，用手机上网啊之类的，算不算偷盗？还有说笑话、闲聊等，算不算绮语呢？请法师开示。南无药师琉璃光如来。

○学诚法师：五戒可以根据自己的情况分别受。

◇法师好，弟子年前外寺受了三皈五戒，只是字面上的戒律守到了，没有研究过戒律，今天看到了原来五戒包括广义上的，甚至是心里的妄念也算犯戒，之前听说戒律破了，特别是根本大戒破了，无法再得戒体，弟子很是惶恐，害怕又不小心犯戒，自己没法守得很好，是需要先退戒还是尽量守戒会更好些呢？望法师开示。

○学诚法师：仅是心念上的造作不犯重罪，不会破根本戒。受戒、持戒能够帮助我们增长防非止恶的力量，以清净心努力持守，有很大的功德。

◇顶礼法师，我学佛的目的是改过从而促进工作，皈依后戒酒了，感觉跟同事的交流有障碍；也很少吃肉了，身体瘦了很多，我该怎么做，请法师开示。

○学诚法师：1.劝同事也少喝酒乃至戒酒；2.注意多种素食搭配，加强锻炼。心灵的成长是一个长期的过程，不可急求果报，但只要认真地学下去并真正落实，福德、智慧一定会增长。

◇法师好，请问为什么要守酒戒？如果在现实生活中必须喝酒该怎么办？

○学诚法师：喝酒容易蒙蔽人的心智，是愚痴之因，最好能够戒除。若现实生活中不容易持守酒戒，可以不受此条戒，若已受，可舍去。

◇请教法师，我已经受了五戒。喝了酒怎么办？算破戒了吗？可以忏悔护戒吗？

○学诚法师：受戒而饮酒，犯中品罪，应找授戒师或其他知律的出家人忏悔，深心自责，永不再犯。

◇顶礼法师。弟子有一件事请教您：我一直学习基因工程，即将出国读博，学习内容是通过改造微生物的基因生产抗艾滋病的药品，会对微生物产生伤害。我自皈依以来，本应严守五戒不该杀生。现在对自己专业十分困惑，不知该不该做，请法师指点。

○学诚法师：微生物（如细菌）不属于有情众生。再者，两利相权取其重，多发大心治病救人，是更重的善业。

◇法师好，佛家说吃素不杀生，又说众生皆平等，可是我觉得植物也是有生命的，那是不是也算是杀生呢？谢谢！

○学诚法师：植物不属六道，因为植物没有心识，是有情众生共业感生的依报。吃植物没有杀生业。

◇法师，您好！我想知道除了戒杀、不能杀生、随喜杀生外，平常看电视时看到坏人死去，观众都有一种豁然解脱叫好的感觉，或者是玩游戏时，想杀，打人，杀人，这是否也属于杀生呢？

○学诚法师：不算圆满的杀业，但也是增长杀心、嗔心的恶业。

◇法师，想请教个问题，由于工作关系，教案上有三只小猪，大家一起打死了大灰狼，还有什么小鸡吃虫，哪怕我上国学课都有视频是孝子捕鱼给妈妈补身体。挺纠结的，内容不能随意改，这个算不算也是犯戒了？我该怎么处理这些问题？阿弥陀佛！

○学诚法师：故事的重点并不在于这些地方，把握住核心，多引导正面的价值观就好。

◇法师，如想受持八关斋戒需皈依后或居士才可以吗？

○学诚法师：受戒必须建立在皈依的基础之上。

◇顶礼法师，请教八关斋戒能否在家里佛像前自受，去本市的寺院很远，门票也贵，南无阿弥陀佛！

○学诚法师：为何受八关斋戒？要明确受八关斋戒的真实意趣。

◇顶礼法师，如果现在还不具备菩萨戒的条件，今后将努力做到，可以受吗？万一做不到，果报是什么？

○学诚法师：受戒是为了更好地规范自己的行为，促进自己的发心，而不是为了束缚自己。要多想如何才能做到，而不是去想做不到怎么办。

◇顶礼法师：什么是破戒？戒破了，还能再持吗？我就喜欢清净的法师。他有一种感召力，能够让接近他的人得到清凉自在，转烦恼为菩提。菩提可不简单。

○学诚法师：将戒律规定不准做的事情完整做了，特别是杀、盗、邪淫、大妄语等，是破戒。例如杀人致死，是破不杀戒。杀人未死，或杀死动物，是犯戒，不算破戒。破了一条戒，应惭愧忏悔，不应再犯。

◇法师，为什么教内规定在家人不得翻阅出家戒本？到底有没有经典依据呢？我们这儿有居士说根本没经典依据，弟子很想弄明白。还望大德慈悲开示。

○学诚法师：在家人不能听比丘羯磨诵戒，但可翻阅戒本。一般在家人翻阅比丘戒，自己不行持，又未能明了其中的开遮持犯及随时毗尼、随方毗尼的变通等，拿所看戒条对僧人观过，深集业障，自毁善根，故古来祖师大德禁止在家人看比丘戒，实为保护在家人。若深信三宝，智慧明利，普敬僧众，发心学戒兴教，则可研阅比丘。

◇结夏是何意？

　　○学诚法师：佛教规定夏季为安居期，印度夏季有三个月的雨期，这一段时间正是万物萌发生长的时期。为了避免僧尼外出时在无意之中伤害草木小虫，犯"杀生"大戒，违背佛教大慈大悲的根本精神，所以，佛教规定僧尼在雨期必须居于精舍，不得外出，这样，既可防止伤生破戒，又可使僧尼有一个专心讲经修道的机会。

◇请问法师，为什么只有汉传佛教的僧人吃斋，而蒙古西藏的僧人却可以开荤？合十恭敬。

　　○学诚法师：这是历史原因。藏区是高寒地带，过去交通不便，很难获得蔬菜，因此出家人随俗吃肉，现在条件改善，已有很多藏地出家人改变饮食习惯，坚持食素。

## 4. 空有不二

◇顶礼法师，那个一直轮回的"我"是否就是不生不灭的真我，找到它、悟到它是否就是明心见性，是否就能永断轮回？

○学诚法师：认清这个轮回之"我"是念念生灭的因缘聚合体，破除"执虚为实"的执着，就能断除轮回。

◇法师，我有一事不明。佛说"万法无我"，那阿赖耶识里存的是谁的业啊？如果分不清谁的业，又谈何因果？如果分得清，为什么不能把阿赖耶识认为是"我"？

○学诚法师：你、我、他，是对待假立的说法，实际上并没有一个固定不变的主体，一切都是因缘聚合而成。

◇佛家讲修心，对人待物平等，渐至忘我，尔后无我无众生。可是从我个人经历上体会，正是因为认识到"我不必与他人相同"，所以我才能坚持自己的选择，才能坚持学佛。如果真的"无我"，那么究竟是谁在学佛呢？这两者之间，是否有什么矛盾之处？还是我智慧不够，体会不到呢？恳请法师慈悲开示。

○学诚法师："我"是五蕴和合、相似相续的存在，并无独立不变的实体。

◇怀着目的应该不是无我的修为吧？修为也不应该怀着目的吧？

○学诚法师：无我不是没有目标，而是不执着于目标。

◇我倒希望此刻我的自我感觉是不真实的，各种消极倦怠……佛说，一切有为法，皆梦幻泡影，请问法师到底什么是真实的？

○学诚法师：不生不灭的无为法是真实的，《金刚经》上说："一切贤圣，皆以无为法而有差别。"无为法不可取、不可分别，但不是断灭一切、空无所有。

◇请问尊敬的法师，既然得到菩提正觉的人，如梦醒的人，能说出他刚才在梦中经过的事，却无办法借用什么因缘，来把梦中的境界，拿出来给人看；既然我们都未存在过，那为什么得正觉的人又能在这幻妄中示现神通给我们看，那他岂不是又起了无明吗？

○学诚法师：佛菩萨度众生，是对如幻人说如幻法，并非佛菩萨再起无明。举喻比之：父母有时会附和孩子编出来的故事，父母心中明知这一切是假，为随顺幼子故示现当真，你能说父母的心智又变得幼稚吗？

◇法师，弟子有一疑事，"一切唯心造"和真实不虚是如何统一的呢？

○学诚法师：外在的森罗万象存在，但并非"真实不虚"，因为所有的一切都在不断变化着。外境的存在与我们的心识有密不可分的关系。

◇既然万物皆幻想，为何需悔？悔什么？

○学诚法师：诸法皆空是佛菩萨的境界，凡夫修行当从有为法开始。

◇顶礼法师！为何佛说"不可执着"，但学习佛法又不能不执着？再次请教，希望回复。

○学诚法师：佛说："一切众生皆具如来智慧德相，只因妄想执着不能证得。"凡夫的执着是被烦恼所缚，须以智慧破之；还没有能力完全放下执着之前，必须执着于善，才能不向下堕。

◇法师，时间是什么？

○学诚法师：时间是根尘、心识离合变化而附现出来的一种假相。

◇法师，我同学问我在哪儿，我说在尘世，他又问尘世在哪儿，我就不知道怎么回答了。请问法师，总说尘不可出，尘世在哪儿？

○学诚法师：在心里。

◇佛总说善和恶、智和愚、生和死，可这些真的有区别吗？

○学诚法师：诸法的本性是平等的，但因缘和合的森罗万象是有区别的。如镜中照见万物，万物在镜中皆是幻相，但其差别却是分分明明的。

◇法师，那自性上的平等又是什么意思？

○学诚法师：无论是苹果树还是梨树，无论是人还是山河大地，宇宙间万事万物都是刹那不停地在变化着，永远寻不到一个真实不变的事物，这就是诸法的毕竟空性。在这一境界上，诸法平等，生佛不二。

◇请教法师，空为何物？若有一物为空，则为非空；若无一物为空，色即是空，空即是色，何解？

○学诚法师："空"是破除了一切执着的状态。

◇法师，世间万物皆是阴极阳盛、晦极生明，是否随缘就可？

○学诚法师：世上万物都是因缘所生，而一切因缘中，最重要的就是我们的心。

◇"创造因缘"，这是我第一次见到现代佛家提出如此积极的人生态势，大赞学诚法师。同时请教学诚法师，在"创造因缘"上要注意的机巧。《法华经·安乐行品》讲"但以因缘有，从颠倒生"，前面讲"菩萨摩诃萨观一切法空……"。那么是否"创造因缘"和"实相"的把握有关联？欲望也不等于因缘？

○学诚法师：放下执着。

◇请问法师，自性具足的无量功德从何而来？

○学诚法师：本自具足，无始无终，无来无去，凝然不动。好比虚空，它从何而来，去向何方？

◇请问法师：不悟和了悟的区别可否用以下两种形式判定？遇事之后闪过嗔念之心，但心中佛法立刻告诫我们，应该产生护法之念，才是正确的认识和处理方法，从而除去嗔念。或者，遇到不从心之事，但心中根本不曾产生嗔念，而直接觉得只有护法之念，才是了悟？修行，修心，是否最终为了没有这一念之间的差别？

○学诚法师：悟与迷，好比一个已醒来，一个在梦中。

◇希望能得到"依正不二"更具体的点化！

○学诚法师：人生存在世间，离不开外在的一切，同时也影响着外在的一切。

◇法师，至善之水怎么就溶不了油呢？

○学诚法师：因缘所生法。

轮回　迷信　梦境　诵经

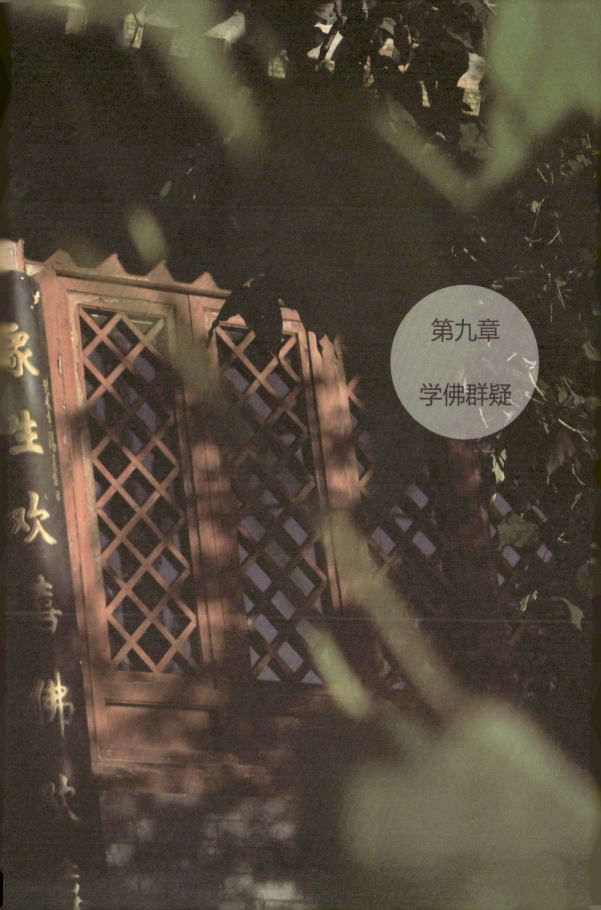

第九章

学佛群疑

## 1. 前世今生

◇阿弥陀佛！敢问法师可有轮回？

○学诚法师：有。

◇真的有前世来生吗？我很认同、很欣赏佛教的一些理论，但是关于前世今生这点，我始终是有疑惑的。虽然小时候奶奶也经常和我说一些关于轮回前世的故事，我小时候很相信。但是随着长大后对科学的认识，我越来越疑惑。

○学诚法师：科学也没有有力的证据否定轮回。一时难以相信也没关系，多闻阙疑就好。佛法博大精深，可以从自己认同的部分进入，多闻思学习，渐渐深入。

◇请问法师，真的有前世今生之说吗？难道每个人都是前世的再续吗？如果是的话，佛祖是如何论证的呢？

○学诚法师：人有昨天、今天、明天，也就有前世、今生、来世。

◇另一生是不是还如此生一样，如此悲催？

○学诚法师：若人生只能在同样的心念与境遇中轮回，的确悲哀，但人生确有着向上增进乃至究竟超越的希望。

◇有些催眠术可以让人看到前世，这可取吗？可以去看吗？

○学诚法师：欲知前世因，今生受者是。

◇法师，如何才能印证有来世？如果有来世，不想再转世为人要怎么办？

○学诚法师：把握今生，活出人的价值和意义来，活出幸福和希望来！

◇法师，如何做到真正认识前生来世的道理呢？

○学诚法师：不能亲自实证之前，要靠对三宝的信心，先相信这个道理，进而学习佛法。随着闻思的深入、修行的进步，智慧逐渐开启，对此道理的认识会更加清楚，信心会更加坚固，所谓"信为能入，智为能度"。

◇法师，我如何能看到自己的前世？

○学诚法师：当心智开启到一定程度时，就能看见。

◇有轮回，我觉得很可怕。敢问法师，真心做善事，修佛法，没能放下世间感情，是不是还是不能超脱轮回？

○学诚法师：放不下，还是不觉得轮回可怕。

◇法师，宇宙万物皆有其自身的秩序，四时更替，六道轮回，乃是天道。然，一切有为法皆是梦幻泡影，应作如是观，等于是说，也在遵循规律。那我们又如何去超越这轮回的路呢？

○学诚法师：认识、了解世间及出世间的规律，就能利用这些规律。

◇请问法师，都说修佛是修来世，但佛家又教导人们：过去和未来都是虚无的，要活在当下。这里面好像有些矛盾，该怎样理解？请开示。

○学诚法师："修来世"是指要有更长远的、超越的眼光，不要沉迷于眼前的利益；"活在当下"是指不要向外攀缘，把握因地好好努力。前者确立方向，后者重视过程。

## 2. 破除迷信

◇法师好，为什么男戴观音，女戴佛？

○学诚法师：这是民间迷信。佛教里没有这个说法。

◇法师，我前几天不小心一脚踩到了一根钉子。现在伤好得差不多了，请问这是什么不祥的预兆吗？

○学诚法师：以后走路多注意点就好了。

◇法师您好！请问一下，很多寺院的僧人劝进香者要烧价格高的香，说价格越高就表示心越诚，菩萨越灵，请问有依据吗？

○学诚法师：没有这种说法。

◇请教法师，开光是什么意思？有什么作用？常常听人说又得到开光的什么东西，是真是假？

○学诚法师：开光是通过庄严的仪式加持于佛像等，增长人们内心的恭敬、信心与虔诚，其根本在于开启人内心的善法光明。

◇法师您好！我想问问您开过光的挂件洗澡时不取下可以吗？

○学诚法师：若是佛像之类的，最好不要佩戴在身上，心怀恭敬故。

◇顶礼法师，我妈妈在寺庙买给我一个开了光的黑檀木佛珠。同学见我戴着，也拿了戴，之后还我。听说这样不行，请问我现在该怎么办？而且我上学偶尔不戴有关系吗？

○学诚法师：没有这些说法，无须挂虑。佛珠是为了辅助提策正念，更好地念佛、修心，开启内心觉悟之光。

◇法师，有的人说佛珠的线断以后是大圆满了，还有人说佛珠线断了不好，麻烦您解释下。

○学诚法师：佛珠是为了便于念佛用功的。

◇很多人都说怀孕的时候不能闻香味，请问法师：怀孕的时候能上香吗？

○学诚法师：当然可以。

◇法师您好，我与家人从去年开始每日读《地藏经》，可是感觉读后经常有些倒霉事，而且最近家里也频频出现怪事，是不是诵《地藏经》回向给冤亲债主后，引来更多的冤亲债主呢？这两天全家都在困扰，您能告诉我们该怎么办吗？拜托了。

○学诚法师：自己解决不了，正好皈依祈求地藏菩萨，要以更加恳切恭敬的心去读诵。心在，菩萨就在，什么都不用怕。

# 3. 勿执梦境

◇法师，我常梦见去世的亲人，然后从梦里惊醒。不知道如何改善这样的状态，晚上睡不好，白天又很疲惫，似乎有种崩溃的感觉了。求法师指点，顶礼感谢。

○学诚法师：培养对三宝的信心，便能心安、吉祥。临睡前不妨至心恳切念诵佛菩萨圣号，想象佛菩萨的光明就围绕在身边。

◇大师，我有一友，近日每至夜晚常闻怪声，寻而不得，彻夜难眠，精神倦怠，请大师指点，如何能以佛法化解？弟子拜请法师教导。

○学诚法师：见怪不怪，其怪自败。

◇法师您好，我属龙，几年前母亲梦到蛇走下坡路，我大学考得很不理想；年前母亲梦到蛇被火烧，过了年一段时间我很不顺利；前几天母亲又梦到蛇被吊起来，我心中甚是不安，该如何心安？

○学诚法师：梦境不可执取。命自我立，种因快乐行。

◇法师您好，我是您的忠实微博粉丝！有件事我一直很困惑，就是我从小就做梦，基本每天都梦见蛇，各种各样的蛇，还有巨蟒蛇、大青蛇、小黑蛇，总是在梦里围着我转。以为在国外会好点，结果还是经常梦见，前两天还梦见有条巨蟒攻击我，法师您能告诉我这是怎么回事吗？

○学诚法师：皈依三宝，心无挂碍，勤修皈依。

◇噩梦更能策励学修，早晨四点多做个梦：一只小熊围着我转，吓得我爬到树上，还不停地念心经和阿弥陀佛呢！

○学诚法师：不用执取梦境，安心修学就好。

◇法师，我刚刚做了个噩梦，一直被人冤枉！并且是家人！在梦里都到那种自己要以死证明都解决不了的地步了！好不容易从梦中清醒过来，但现在还是觉得浑身不舒服！

○学诚法师：只要自己问心无愧就好，也不用一定证明什么，一切只有业果决定。

◇法师，梦中的痛苦也是果报吗？

○学诚法师：梦是虚幻的，不必在意，好好在清醒的时候努力。

◇法师，做梦总是在现实中成真，不知如何认识。请教您，谢谢法师。

○学诚法师：这属于人的深层心理活动的感应，因为人的身心与外在的时空是密不可分的。这没什么特别的，好好把握现实才是最重要的。

◇您好法师，请问您个问题。您相信有人能预知未来吗？这个问题一直困扰我很久！因为我常常会做梦看见从没见过的场景，没过多久还真的在现实中看到这种现象，感觉已经见过。好事坏事要来之前，我都能感觉得到！求解。

○学诚法师：宿业所感，或是鬼神托梦而预见未来。不必太在意，多学佛行善就好，人的命运有定数，但可以通过行善改变，可网上查看《了凡四训》。

## 4. 诵经持咒

◇法师您好！请问法师！我夜夜难以入睡，我该念何咒或何经方能改善呢？感恩！

○学诚法师：勤修皈依。临睡前可以至心恳切念诵佛菩萨圣号，想象佛菩萨的光明就围绕在身边，可以让自己心安，吉祥。

◇法师你好，最近我经常做噩梦，有时想醒却醒不了，请法师指点一下。

○学诚法师：可念诵观世音菩萨名号。

◇念什么可以消病解除劫数？求求您帮助我。我在家里天天烧香，我妈还捐钱贴金，一直去庙里的。阿弥陀佛！

○学诚法师：可读诵《药师如来本愿功德经》《地藏菩萨本愿经》《观世音菩萨普门品》等经典，广行放生、吃素、照顾病人等善行，重在至诚恳切、敬信不疑、坚持不懈。

◇法师您好！我做事老是晕乎乎的，忘这忘那的，请问法师诵读什么佛经，能让我变得聪明点，开些智慧。谢谢。

○学诚法师：读诵佛陀经典，都可以开智慧，关键是恭敬虔诚，坚持诵读。

◇请问法师，孕妇研读什么经书可以使心情平和，对宝宝的性格养成好啊？

○学诚法师：不在于哪部经纶，关键是虔诚恭敬。

◇法师，弟子孕不稳定（检查出来不是很好），现在卧床时一直在念诵大悲咒，可否为宝宝积福、祈福？

○学诚法师：虔诚诵经持咒，都是可以积累福慧资粮的。

◇法师您好！我现每晚诵读《观世音菩萨普门品》和《大悲咒》各一遍，这经能开我智慧，加强我的记忆力吗？

○学诚法师：若能坚持，就可以。

◇法师您好，在念佛经之前要吃素吗？

○学诚法师：没有这个规定，但诵经前要恭敬虔诚，吃素可以让人清净安心，若能做到更好。

◇法师您好！一部《无量寿经》分好几个晚上才念完，这样行吗？

○学诚法师：可以。关键是恭敬虔诚。

◇请问法师，念经和持咒都必须要用标准的梵音发音吗？

○学诚法师：不必。念经和持咒是为发明心地，不是念给别人听的。

◇法师您好，请问念经的时候妄想太多怎么办？居然还有诽谤佛经的时候，我并不想的，我内心本没有这种想法的，我可怎么办呐？心里很着急，请开示。

○学诚法师：急，改变不了什么，面对当下就好。殷重地忏悔，恭敬虔诚地祈求佛菩萨的加持，在诵经前可做前行。

◇请问法师，弟子每次见到弥勒佛都会心生欢喜，早晚感恩都会发愿能往生兜率天，不过平常共修口念都是阿弥陀佛，会不会心口不一，不能与佛相应？请法师给弟子开示。

○学诚法师：佛佛道同。人有分别，佛无分别。

◇法师，末学想问下最近读《地藏经》比原来更容易犯困，念佛也哈欠连天，读经和念佛已经半年多了，似乎业障比刚开始还重，听师兄们说要读经100部左右，这样的现象就会消失了，末学也已经读了100部，但还是会读错字之类的。另外发现跪着念经比打坐念经精神能集中，不怎么会犯困打哈欠。想请法师开示。

○学诚法师：修行进步与否与修行的时间、形式、数量没有必然联系，关键在自己的用心上。除诵经念佛外，最好能够学习佛法的教理，才能更好地认识、把握乃至改变自己的心，用功也能更加得力。要常常去寺庙听经闻法，不要闭门造车。

◇如果不发愿、不回向，光念南无观世音菩萨，能否成菩萨呢？

○学诚法师：印光大师云：一句弥陀，成佛尚且有余。念观世音菩萨也一样。但问题是，你知道怎么念？怎么用心？

◇顶礼法师！当意识到心有杂念或妄想，就想去念佛，然而感觉到夹杂不清净，虽心里要求随他缘起缘灭不执着，仍感到有时有着意之累，应该每天继续并持续观照念佛吗？顶礼。

○学诚法师：初阶肯定难以做到完全清净，观照到了，把念头拉回来就好。每天有定课很好，把数量保持在自己能够承受的范围，坚持下去。

◇请问法师，如何是读经诵咒之法？依何心？

○学诚法师：恭敬心、专注心。

◇请问法师，如何念佛才比较得力，才能进步得比较快？

○学诚法师：发起服务大众的心。

◇法师你好，念阿弥陀佛能减轻之前造的业吗？

○学诚法师：念佛有大利益。善业感善果，恶业感恶果，善恶业没有相互抵消的说法。要减轻以往所造的业，需要至诚忏悔。

◇顶礼法师！母亲为人善良，从九一年起定课每天至少一两小时念佛，诵经，回向极乐，为何还不顺意？顶礼。

○学诚法师：念佛诵经非以数量取胜，关键是内心真实的信愿。

◇法师，每天都看你给讲的佛法，我现在皈依了，是居士！每天都在念佛！但是心里还是很多东西放不下！感觉人来到世上就是受折磨的，看破很多东西！一心想修佛不再轮回！

○学诚法师：人来到世上，是创造、奉献的，是充满希望的。念佛很好，但要明白为什么念佛，如何念佛，才能真正得到佛法的利益，看破、放下，自在、喜乐。

◇法师你好，弟子家人常有不顺，请法师开示以何改之。另外弟子以前预感十分准，但自从持大悲咒等佛咒以来，预感好久不再出现，求解。

○学诚法师：不用执取这些，继续坚持持诵佛咒就好。

问心

◇跟人说自己的感应可以吗？

○学诚法师：为什么要说？

◇法师，如果与同修说了感应是想他人能更信念佛法，彼此能更勤修精进，不知是否不如法？

○学诚法师：这样的发心很好，可以与同修一起学习《念佛感应录》。

◇法师！每当我在家念佛或在寺院上课的时候，为什么眼泪它自己往下流？

○学诚法师：不必挂碍，专注念佛、上课就好。

愿心　善行　出家　回向

第十章

菩提大道

## 1. 愿心终不退

◇法师，什么是愿力呢？

○学诚法师："愿"可以理解为"理想"。

◇法师，请问没有发愿的修行，可以吗？但求心境平静和开悟，但某些世俗生活中无法遵守的戒律没有遵守。另外法师觉得《西游记》是符合佛教世界观吗？

○学诚法师：修行而无愿，就犹如行路而无向导，难以得到佛法真正深广的利益。

◇谢谢师父。感恩有缘遇几个派别的善知识，愧尚未得一门而入，在门口徘徊。有理想，但现实生活的局面待突破。请问法师，该如何突破？这想要突破的心，执着否？

○学诚法师：以愿力去突破。玄奘大师西行求法的决心，执着否？

◇法师，法可有高下？愿可有大小？

○学诚法师：法无高下。行愿无疆。

◇顶礼法师！请问，该如何去判别自身是否已经具足暂时远离尘世进行修行的条件？或者是说，该从哪些方面去检验、对比自己是否具有真心、诚心、恭敬心、深心，愿意投入到与俗世截然不同的那个世界，而不至于出现中途退缩、半途而废的差池？感谢！

○学诚法师：有了初步的发心，就可以来寺庙里体验一段时间，同时也是慢慢沉淀、观察思考的机会。发心也需要不断策励、不断成长、不断净化。

◇法师好，如何保证愿心不退，祈请法师开示，弟子至诚顶礼。

○学诚法师：多思维发心胜利、数数缘念发心、广积资粮；以愿起行，在行动中不断巩固愿心，相辅相成。

◇法师，如何才能看清真实的自己？六祖说见性成佛，可是就像很多事情并不是努力去做就可以做到一样，如何才能在纷乱人世之中，寻得一方心灵之净土？

○学诚法师：若不努力，就更不可能做到。明确自己的人生目标，因上努力，果上随缘，即得自在，时时处处都是心灵净土。在历事练心中，认识自己，提升自己。

◇法师好！实际行持时，怎么确定自己的行为是宗旨明确、以愿导行，还是一意孤行的执着呢？祈请法师慈悲开示。弟子至诚顶礼。

○学诚法师：听师长和同行的意见。

◇顶礼法师！学佛需发愿，佛陀有告诫众生得道需断除妄想、分别、执着，发愿与妄想、分别、执着似有矛盾，望法师解惑。

○学诚法师：入道之初，愿力是行道的根本；修行到了最精微之处，对佛法的贪爱也需要放下。这犹如台阶般次第宛然，不能混为一谈。

◇发愿是大悲心的体现吗？回向是让自己无所得不增不减吗？

○学诚法师：发愿是方向目标，回向是进一步把所作所行集中反馈给目标，使之更快实现。当发起为利一切众生的菩提心愿时，回向亦是一种三轮体空的无尽际的愿力。

◇法师，若大悲心已经升起，该如何正行？

○学诚法师：大悲心起时，你自然就知道了。

◇顶礼法师！何谓菩提心？如何发正确广大菩提心？顶礼。

○学诚法师：希求成佛之心，就是菩提心。发菩提心，建立在对佛法的正确理解与实践的基础上。

◇顶礼法师，请开示，这几天心突然散乱了，久违的习性如猛兽般吞噬着身心。惊惧无力守护菩提心，如此脆弱。居然不能控制自己，叹！聆听法语。

○学诚法师："烦恼"不是容易低头认输的敌人，修行要依靠团体、发长远心、屡败屡战，在一次又一次挫折中，慢慢洗练出坚韧有力的菩提心——只有经过烈火的锤炼，才能获得真金！

◇顶礼法师！弟子跟随藏传宁玛派的小组学习，闻思中非常强调菩提心，弟子深以为然。但是最近自己又看了虚云老和尚开示的禅修入门，又对禅修很感兴趣。弟子就生出疑问：1.是否参禅也要以菩提心摄持？2.两者是不同的成佛路径吗？末法时代的初学者应当怎么做好？恭敬祈请法师开示。

○学诚法师：1.《华严经》中云："忘失菩提心，修诸善法，是名魔业。"2.菩提心重在修福，参禅重在修慧，欲成佛，福慧缺一不可。3.学者当对佛道总体有所了解。

◇为什么忘失菩提心修善法，就是魔业呢？

○学诚法师：没有宗旨的摄持，所修善法仅能得到一些福报，来世享受福报却不能把握正确的方向，就容易因这些福报而造恶业乃至堕落。

◇请问法师一定要到许愿的地方还愿吗？

○学诚法师：佛法圆融，诚心诚意最重要。真正的信仰佛教，是应当发大愿，发菩提大愿。

◇顶礼！为何数百年前，佛子众生多发愿弥勒兜率，像玄奘三藏师，而近数百年却发愿去西方极乐？

○学诚法师：近代太虚大师也发愿往生兜率。现今弥勒净土法门的不流行，不在胜劣或难易，而是唐以后的修者少、弘扬者少的缘故。

## 2. 善行度众生

◇法师，我参悟佛法十六个字：放手如来，回头是岸。关注自然，放松心情。我感觉我的思考维度小而且局限，请法师指点！

○学诚法师：佛法不仅讲放下，也讲承担；不仅解脱自我，也要利益众生。

◇法师，我现在就研习一部佛教《无量寿经》，发心等3－10年有些领悟后，再学其他的佛经。日常生活则不折不扣践行佛的教诲：孝养父母、奉事师长、尊老爱幼、博爱众生，不知这条学佛之道是否正确可行？请法师开示。

○学诚法师：信、愿、行三者，缺一不可。

◇法师您好！我初学佛，知道一切有情都要爱护。但是农民生产劳动中怎么办？比如打不打农药？请法师开示。

○学诚法师：可以做到不打农药。可以请教有经验的人。

◇法师好！这里我有个疑问：有种说法是"真理往往掌握在少数人手里"，如果这个说法成立，那么，利益大多数人便意味着远离真理吗？谢谢！ Namaste ！

○学诚法师：让更多人明白真理，就是最大的利益。

◇顶礼法师！既然佛早就告诉我们现在是末法，世界会越来越黑暗，只有等弥勒佛出世才会好转，这是众生的共业，那为什么佛菩萨们还要义无反顾地度众生？

○学诚法师：弥勒佛出世时的十善社会，难道是无因之果吗？

◇顶礼法师！请问可有什么巧善的方法，能让身边不信甚至排斥佛法的亲友升起信心呢？比如让全家都吃素免造杀业？

○学诚法师：最善巧也是唯一的方法，就是自己好好修持，严于律己、宽以待人，切忌以佛法的标准去要求身边亲友。

◇为什么寺院也搞接待呢？

○学诚法师：接待也是度众生，传播正信的佛法，营造佛法生存发展的社会环境，于国、于教、于民都有利。

◇法师，有些人学佛学了一阵子后却生退转之心，我们如何帮助他们？

○学诚法师：当自己能够跨越同样的心路历程之后，自然知道该如何帮助他人。

◇法师，我想让我的父母信仰佛教，请问法师，我应该怎么做呢？合十。感恩师父！

○学诚法师：用自己的行动证明学佛的利益。

◇顶礼法师，我平时逛超市看到那些海鲜和一些被杀了的鸡鸭，就会念佛号帮它们超度。这样会起作用吗？

○学诚法师：可以。《地藏经》有云，七分功德，六分自得，亡者得一分。

◇法师，每当看到路上被轧死的小动物心中都不忍，不知能不能念一句经文为它们超脱一下，如果可以，念哪一句呢？

○学诚法师：关键在心诚，佛号咒语都可以。

◇法师，弟子前阵子发现一流浪猫在门口生了小猫，天气冷，遂拿回屋里照顾，现小猫一月，担心和母猫出去流浪不好，就想找人收留小猫。但又觉得断了它们的母子缘分不好。可是流浪猫存活率很低，弟子该怎么办啊？

○学诚法师：无论做什么事情，都要站在无限生命的基础上思考，令自己的发心更加广大、清净、圆满。

◇顶礼法师，捡到出生一个多月的小流浪猫，得癫痫病，一发病身子躺一边一直抽，口吐白沫，小猫太受罪，人也很痛苦！医生说猫太小，建议如一周不好就给安乐死。求法师慈悲开示！这样子妥当吗？

○学诚法师：不建议采用安乐死。可为小猫皈依、念佛，多种善根，眼下虽然有短暂痛苦，但对无限生命有大利益。

◇法师，这几天有个小孩子，老来我店里偷东西，我其实看见了装作没看见，觉得她还小，当面指责不好，可是又不知道怎么引导她步入正途。

○学诚法师：指责容易引起抵抗心理，要想办法启发她内心的善法；同时加强措施，使她不能够再造恶行。

◇法师您好，我有位朋友生完孩子刚半年又怀孕了，考虑诸多因素，她决定不要了。我为此感到很难过，害怕她造业太大，该怎么帮她或者推荐她诵什么经呢？她不是很信佛。

○学诚法师：这种情况下不宜对她讲说业果，以免徒增压力，甚至令她远离佛法。可默默为她及堕胎婴儿回向、供养三宝等，内心发愿将来更有能力救度众生。

◇法师好，阿弥陀佛，看到你的开示，弟子法喜充满，还要打扰法师，《圆觉经》中"不即不离"无法理解。怎样把这四个字运用到生活里面，请法师开示！

○学诚法师：凡事用心去做，但不要执着于结果。

◇顶礼法师！如何做才是"顺应众生"？恳请回复。阿弥陀佛。

○学诚法师：恒顺众生，不是简单地随顺迁就，而是一种对缘起的通达，智慧的把握，慈悲的体现。

## 3. 出家弘圣道

◇法师，弟子想出家已有一段时间了，可听说现在都需要本科的学历，我有点儿退缩了：一方面是学历不够，另一方面自己25岁，担心家人。心有佛祖者，视人皆如来，其实做到谈何容易。我也吃素，如果自己的悟性不够怎么办呢？那是不是也是一个人的命呢？

○学诚法师：修学佛法，就是自身不断成长、完善的过程。出家跟学历没有关系，关键是明确自己出家的动机，了知出家的真正意义。

◇法师您好。弟子诚心修行。想过出家，但仍挂念尘世的父母。父母不愿我离家，以顺为孝，想想万全之法，生活无处不修行，待报答父母百年再考虑出家之事。请问法师，对于一个对佛理论都没正式接触的初学者，您可不可以推荐几本前人的书，我平时多读读可以接近我佛。阿弥陀佛。

○学诚法师：在家修行也需要亲近三宝，人能把书中的道理活泼泼地展现出来，才更容易理解和学习。有机会时，应多去寺庙听经闻法、亲近善师善友。

◇法师，我想出家，请问我该做些什么？我是女性。

○学诚法师：首先要明白出家的意义。

◇阿弥陀佛，怎样才能知道自己已具足出家的因缘呢？

○学诚法师：自己的心知道。

◇大师，您好，昨天我突然有要出家的想法，我也不知道为什么会这样想，请大师指点一下。

○学诚法师：昨天已然过去，那今天又有什么想法了呢？

◇法师，厌倦了尘世，有出家的冲动，想逃避这个世界，请法师度我。

○学诚法师：出家，不是为了逃避世间。出家是更加勇敢地面对内心的烦恼、自他的苦痛，承担起更重大的责任。

◇法师，出家要哪些条件？

○学诚法师：最重要的是动机纯正、决心坚定，其次要求身份合法、身体健康，无债务纠纷、婚恋关系等。

◇法师你好，出家需要什么条件吗？

○学诚法师：最关键的是自己内心是否具备坚固的道心。

◇法师，出家人抛妻弃子，是否为不忠；不能供奉双亲，是否为不孝呢？若考虑此事，又是否落入"嗔"之念呢？

○学诚法师：自古以来，为保家卫国而离妻别子、不能孝养父母的将士们是否算不贞不孝呢？答案自然是否定的。相反，还流传下许多千古佳话。因为，他们是为了更高更广的大义而舍弃了小家庭的幸福。出家人更是如此，且发心更广大、更深远！故古人言：出家乃大丈夫之事，非将相所能为。

◇一个人出家是明智的选择吗？说是普度众人，可以帮助更多人，但他还是失败的，他帮不了父母和朋友的心痛。

○学诚法师：长痛不如短痛。

◇法师您好，看了一些出家人的经历，发现其中一些人都是从家里逃跑出家的，但是他们最后也修行得很好，不乏一些德高望重之辈。中国人常讲百善孝为先，而《地藏经》更是歌颂了地藏菩萨的孝亲之德，到底应该如何权衡这个问题呢？

○学诚法师：身暂时远离，心却无逃避之意。出家，只是为了更究竟地尽孝、更勇悍地承担。而且，真正为佛教、为众生而出家修行，对现世父母也有绝大的饶益。

◇法师，如果我的出家会给家人带来痛苦，你说是该还是不该？请开示。

○学诚法师：出家不仅是为了自己，而是通过自己走这条路，把智慧和快乐带给更多人，更究竟地帮助一切众生，包括自己的家人。

◇阿弥陀佛，若有人发心出家，父母阻拦，无始以来的业障今开始阻拦，该怎么办？

○学诚法师：出家者，大丈夫之事，非将相之所能为也。能顺利出家，也是需要一定的福报因缘的。每一个境界都是出家路上的考验。

## 4. 回向利有情

◇请问法师，什么是"回向"？

○学诚法师：回向即是"回己善根，有所趋向"，将所造善根力集中加于某目的，使之尽快得以实现。"回向"的原理就如拿一根蜡炬去引燃其他蜡烛，不但原来的蜡烛本身的光亮未曾减弱，反而和其他蜡烛的光相照，使得室内更为光明。所以，回向愈多，不但自身的功德未曾减少，而且能利益更多的人，功德也就更为殊胜。

◇阿弥陀佛，每次去寺院我都带些自家产的米、面、蔬菜、水果，供养常住法师，肯请法师开示，弟子需要回向吗？如需回向，是在寺院，还是回家，哪个如法？

○学诚法师：都可以。

◇法师，我打死了一只燕子，我该怎么办啊？我最近一直很内疚，不知如何是好啊！请师父指点。

○学诚法师：诚心忏悔，不再犯。可以为它诵经念佛超度回向。

◇法师，您好！请问为已亡人抄写经文，需要焚烧后回向吗？感恩合十。

○学诚法师：心向之处，即是回向。抄好的经文可恭敬供奉起来，有大利益。

◇法师，关于回向的问题，我个人觉得由于我是佛法的初学者，念经的功德较小，所以功德回向的时候，在回向六道众生后，只回向家里生病的家人。对于出于私心的回向不敢多做。可是，我朋友告诉我，不用因为功德小、力量小而只对于个别人。回向更多私人意愿的也是好的、有效的。怎么做才是对的呢？请赐教。

○学诚法师：在总回向后，可以回向给自己现实的种种善愿。功德是无形无相的，不必用有限的思维来局限它。

◇顶礼法师，弟子初学佛法。回向时，有说回向给全世界的法师、高僧大德祈求佛菩萨加持，这样回向如法吗？

○学诚法师：所有真善美的希愿都可以回向。

问心

本书内容筛选自学诚法师微博，感谢众多网友的贡献！

参与网友名录

阿乐
阿司匹林
艾芯 Efeil
爱 de 礼物
爱过只会换来伤痛
安住于善_正怡
俺走着
白板上的粉笔字
白羊清澄
百嘟嘟小记者汇汇
百嘟小记者
柏庄园林
宝贝欧迪
北京 - 春天
北京文艺生活（将相策）
本心
不再寂寞_斩魔
不知未知
蔡照明
草芊芊
草心雪
曾思思思
禅藏
沉音
陈 xiang
陈成灿
陈春蕾
陈庆川 CQC
成蹊在仙游
城堡 2542570865
出离苦海
春暖花开 7138
聪明嘉波
从 2012 到 2015
崔_歪 y
崔艳敏（愿得大智慧）
达利源的泰迪派
大唐逍遥丞相
大侠丹
大仙大大侠
大昕

大隐于夏（爱因斯坦荡）
单红梅
旦
德明
滴水流川
弟子颖慈
第一朵茉莉
点点圈圈叉叉
丁丁 (@minnie771)
定慧初修微博
东东噢耶
东方大蚂蚁
董和鑫 Ms_Doris
董烨
都一份儿
独步月影
杜航 LEON
顿福
朵儿
法华
翻滚吧 - 阿诚
繁星
范范
范坚强 Katrina
芳心似海
飞鸟
肥小白
枫叶红了 945
蜂儿
凤凰手绘 919
福慧双修 - 慧修
福泉大海
甘露清欢
感觉阳光 Judy
感恩的心
感谢阳光空气水
干城章嘉
高胜浩
高旭
公小杨
宫维果

古龙小说经典名句
谷子里父
股色股香
鼓楼小马扎儿
观海
观音菩萨 520
光影乱溅
光在北斗星眼中闪烁
郭海斌 076
郭水 --- 平安中国
韩一博
寒香妙尘
喊我胡萝卜酱
行者孙在路上
郝好儿
和界木生
贺云鹏小朋友
黑咖啡小 D
黑土茉莉
弘慈佛子
红尘宅男
胡 YY
花儿 MOMO
花叫我凤（土豆 622）
花开见佛
华清华白
黄小源 yy
黄英海
慧姐
慧靖
慧周 - 杨
活得生猛（艺术策展）
吉祥
汲晨宁
寂静欢喜
寂静林池
家有小贝初成长
嘉祥二中人
姜波
蒋小锐
觉省 Ace
戒石头
净业行者
静灵止水

静默的耗子
静泉小荷
九品莲花
倔强也温柔
君陌
开微有益 - 胖罗
开心的壮壮妈
亢亲王
空竹无音
枯叶蝶之文明
苦纳鞋
岚同学
蓝 Se 国门
蓝颜般若
乐开天 1987
黎宽
李发武
李失意
李奕端 1
李长太的学习人生
莲花娃娃
莲子空芯
梁楚楚彬彬
梁辉之
梁娇新浪微博
梁云峰
亮仔 Vincent
寥寥先森
林伟华
刘元 -- 流源
柳林 2012
龙泉 - 贤楷
龙玄空
萝卜太太的萝卜君
萝卜一号
洛登多杰饶巴
落花有意
落叶恋风
落叶之后
绿泊
绿城星空 _ 狮子
绿漆黄瓜
卖火柴的大闺女

唛哒先生
梅林
梅雪
美丽新世界
米井零六井
棉球和小希
渺渺一尘埃
妙二蛋
妙喜亲亲
妙音
名侦探柯达
明月澄空
明月照天心
魔幻海伦
沫不去的回殇
莫林空
牟年0407
暮玥
南无大师遍照金刚
内心之平和
泥浮
匿名的Rosa
念佛消业悟藏（随缘消旧业悟藏）
宁宁看远方
凝潴仔
怒放的花朵朵
暖阳-Ann
诺
潘
泡沫红茶08
皮蛋筱筱
-片云点太清-
菩提木患子心
祁大能个儿
其来之（燃灯岫）
祈见心田
青妙_1982
清岚-真善美
秋之白华00
祛妄
让心脑静下来
人长久
人走茶还热

忍辱
认真地当浮云
软毛球
润羲
三川回响
三米度（眼惺忪）
桑杰
沙漠里的仙人掌-hj
珊珊要fighting
善愍
神隐少女Cat
师利勇猛
施豪兴
十点钟的太阳儿
十念一法
世界尽头的女网友
释迦源禅
释侠士
释照宗
舒品塘
黍月风筝
｜李浩｜
澍树
双盛劳保手套
水晶部落阁
顺其自然
宋慧期货操盘手
粟辉
随风
随喜的增哥
孙林
孙小倩sq
婆婆-婆婆
太-清
唐梨洪
唐珍妮花
涛声依旧2507289285
藤小曼
藤小曼（穆澜）
天赐
天天养生
天天養生
天蝎sylinsun

天心月清
天韵紫莲
跳豆以及静豆
亭子1977
同样的星空
图灵郭志敏
兔爷儿
王丁
王俊钢
王康乔
王声歌
王伟芳
王玮
王雪
王也-MUSIC
网友wptss0633
望着雪花等待春天到来
韦凤
未来过去现在当来
蔚蓝粉红
魏静卓
文惠
问禅于生活
问题成长中
我还是我
乌龟
无
无恒天（zjk381791482）
无情无偏私
无无无无明
无心子124
吴霞92
武功尚斌
武慧东
悟空
希yi
溪水与石
曦日2010
玺术Caesar
禧娘
贤妙--梦幻泡影的轨迹
贤-雪
弦爱谢耳朵

相思豆粥
想要到达明天
肖健
潇箫公子陵
潇潇白狐
小_费费
小滨_围脖本
小楚瑜
小郭fiona
小宏是蕾莉
小米稻歌
小绵羊很勤奋
小明
小妮子
小徐
小雪
小主BabyB（曦露下的小茶花）
笑然织围脖
斜雨笼晴
心莲心心理咨询事务所
心路
心平气和千祥骈集
心香一瓣西西
心允
心证等你
馨文妈妈
-星星知我心--
幸福的小馨馨
幸福米爸
幸福密码
徐国荣
徐兰-记者
许汉冬
许益祯
许益祯（暴力羊小绵）
宣杞
学游泳的鱼_flora
闫雪
俨然畏嗔
衍风
演心映妙缘
羊羊
阳光清晨

阳小咩
杨庵
杨晨琵琶
杨少
杨涛_北京
杨威
杨镇宇
瑶之女
耶愣盖
叶儿哗哗落
叶知秋
夜宿山寺
一尘境界
一个人的 angel
一花一世界一叶一如来
一见更不疑
一切随缘
伊菲
以戒为师_正怡
以戒为师_正怡（念佛诵经行善净障集资）
亦来越强
易
银海天歌
银台第
隐几长吁
颖
映日荷花 vivian
永远都爱着你
优陀筼崖
有爱就有幸福
有肚腩仔噶肥小白
有四炸的翻译
又一村
鱼大德在路上
愚回之路
羽吁
雨家 G
雨祥
偶翛
元晓宝
原生态
愿世界和平 1000 年

月出于皓（欧阳 - 海恒）
阅心堂木木
云
云端残月
云飞星舞
云隙茜影
脏大蒜
张二拿
张仁瀚
张三之歌 er
张小薇
张长国弟子星
长安一壶茶
赵远同学
浙大的懒猫
枕草子 DE
只念菩提
只要你微笑 - 暮笙 Musez
智慧王标
中正
舟行之湛海
舟庄
朱吉
朱仲武
珠江小雨
主流印象派
祝小峰的微博
籽籽_见风仍然是风（阿芝芝芝芝）
自由行走的花
自在随缘
坐观缘起
坐观 - 缘起

2011/11/15
2269868548
052C 南海中国狼
2269868548--
90 后小 11
___ 只因多看了你一眼
_ 秋日的私语 _
_ 未必是真

AlanHTS
amtb 如一
apple-xu
Ariel 余智君
Artu_Mad
asceticAmonk
Baobei
ben_beijing
Bodhinirvana
breathing 自由的呼吸
Busy 的楷先生（元尘子）
Corina_
Dharmamind
FlyingLeaf_
Fly-yan
foreverJewel
fresh-day
Gao-xiao-Yuan
grace-221
Gryyyyy
hgp187038
HHHYYv
House
Huangyutong
iWaj
Jianze_gu
Jierui
JmaryZXX
John
Joyceyanyanz
king 皇上黄
koala--fu
Lcgz
LCX 不怨人
Leslie___Nana
Lhqzly
Lily
Lish5i
LoVe 林小锋 _2bu 是我的错 _tian 甜
Lovingyougishsisters
Luyinchu
Mangokeke
medasha123

Mericony
Mild
Mini-Honey 公主
Misschanchan
MK
MR_Unlonely
msMuguet
nian_guo
O
prajnaa 彼岸花
Ren
Ryiabc
Saren
Seabird- 小森
Sliverbirch
Souriante
springboy16
Stone
Super 琳
UNPClily（UNPClilyneverland）
weibowSASA88
Wendy
Wine 酒邦醉乐坊
Wo 是 186
wptss0633
Xiaohezaqw
xm999666333
Xmmzan
Yiaqian
ysbw511
ZhangFuChang
zhmail1
zjk381791482

問心

不为自己求安乐　但愿众生得离苦

問
心